DU CELIBAT VOLONTAIRE.

OU

LA VIE SANS ENGAGEMENT,

Par Damoiselle GABRIELLE SUCHON.

TOME SECOND.

A PARIS, ruë S. Jacques.
Chez JEAN & MICHEL GUIGNARD, devant la ruë du Plâtre, à l'Image S. Jean.

M. D. CC.

Avec Approbation, & Privilege du Roi.

DU CELIBAT VOLONTAIRE. OU LA VIE SANS ENGAGEMENT.

Suite du Livre second.

CHAPITRE XV.

Le libre usage de la parole de Dieu.

JE n'ai garde d'avancer, que dans l'Etat Religieux, non plus que dans le Seculier, l'on ne soit pas en pleine liberté pour entendre la divine Parole, dans les Predications publiques, & dans les Conferences particulieres; puisque je sai que la celeste Doctrine s'adresse à tous les hommes, & surtout à ceux, qui par le caractere de Chrétiens & de personnes sacrées, y doivent plus participer que les autres: Je soutiens seulement, que les personnes, qui passent leur vie dans le Celibat, aïant plus de loisir pour n'être *Huitiém. Privil.*

pas chargées de la conduite d'une famille, & de beaucoup d'obligations, qui demandent un temps considerable pour y satisfaire; elles peuvent assister avec plus d'assiduité & moins d'empêchement, aux Prédications & aux Conférences, qui se font publiquement: cela est si plausible, que jamais un esprit raisonnable ne refusera d'en demeurer d'accord.

Platon, surnommé *divin*, a défini la Voix, un esprit qui explique ses pensées par la parole, & un frappement de l'air, qui passe à travers les oreilles par le cerveau, & par le sens commun jusques à l'ame. Cette définition nous fait connoître, que la parole est l'interprete de la raison & de toutes les conceptions des hommes: puisque sans elle ils ne pourroient exprimer leurs pensées, ni donner des marques de leur esprit, qui se manifeste plus par la voix que par toute autre maniere: c'est ce qui a fait dire à Plutarque, que de toutes les choses qui sont naturellement dans l'homme, il n'y en a pas une, qui soit plus divine que de parler des Dieux, & qui l'approche le plus de la beatitude; *c'est pourquoi*, dit encore ce Sage, *je conseille à tous ceux qui viennent au Temple, de n'avoir que des pensées saintes, & des paroles accompagnées de prudence.*

Non seulement les personnes libres doivent avoir un langage tout divin pour parler

parler de Dieu & à Dieu ; mais encore pour entendre ceux qui annoncent sa divine Parole, & qui l'enseignent publiquement. La parole de Dieu, qui est la doctrine du Ciel, est contenuë dans les Livres de l'ancien & du nouveau Testament, dans les explications des Peres de l'Eglise, & dans celles des Theologiens ; lesquels, par leurs doctes Ecrits, exercent l'esprit des Predicateurs, & persuadent au peuple les veritez Catholiques. C'est ce que nous apprend saint Paul, Ch. 3. v. quand il dit à Timothée, que *toute l'Ecriture divinement inspirée est utile pour convaincre, corriger & instruire en toute justice & verité.* 16.

Pour comprendre le grand avantage de ceux qui entendent la sainte Parole de Dieu, il en faut considerer l'excellence, qui peut estre comprise en trois points ; car la sainteté, la stabilité, & l'efficacité de la parole de Dieu peuvent remplir tous les esprits, & contenter tous les cœurs, qui l'écoutent avec attention.

Le Prophete Isaïe, parlant en la personne des Predicateurs Evangeliques, dit des paroles dignes de remarque : *Le Seigneur m'a donné une langue bien instruite, afin de savoir soutenir celui qui est ennüié de la parole ; & il me fait lever du matin, pour entendre & pour enseigner comme*

Maître. Par les devoirs de ceux qui annoncent en public les veritez divines, l'on peut facilement concevoir les grands biens qu'en retirent les personnes; qui l'écoutent. Cette éloquence naturelle & acquise de ceux qui parlent, donne un singulier plaisir à ceux qui écoutent; & la diligence extraordinaire de ces habiles gens, sert de lumiere à tous ceux qui les entendent avec attention. Aussi le même
Ch. 40. 50. & 52. Prophete leur adresse ces paroles : *Montez sur la montagne, vous qui annoncez l'Evangile à Sion, & qui prêchez à Jerusalem. Elevez vôtre voix avec force & sans contrainte, dautant que les pieds de ceux qui annoncent le salut & la paix, sont extrêmement beaux sur les montagnes*. C'est à dire, qu'ils s'élevent sur les choses basses, & qu'ils prennent des routes transcendantes par dessus le commun des hommes.

La parole de Dieu est si sainte, que le Sauveur du monde declare bienheureux, ceux qui l'entendent & qui la gardent: Il les compare en quelque façon au sein virginal de sa tres-sainte Mere, qui l'a porté dans son sein, & qui l'a nourri. C'est pourquoi il défend de la donner aux chiens, & de jetter ces perles precieuses
S. Luc, ch. 11. devant les pourceaux, de peur qu'ils ne les foulent aux pieds: c'est-à-dire, selon

l'explication d'un Pere de l'Eglise, qu'il ne faut pas la débiter à ceux qui n'en savent pas connoître le merite, & qui ne l'écoutent pas avec respect.

La parole de Dieu penetre si fort nos esprits, qu'elle leur fait concevoir les veritez sublimes, qui ne sont autre que celles de Dieu même, de son Verbe fait homme, des Ecritures qui nous sont revelées, des divins secrets de la Grace, & de la sainteté des ames prédestinées: Aussi le Roi Prophete, pour nous faire comprendre le merite de cette divine Parole, dit qu'elle est plus prétieuse que l'argent qui a passé par le feu, qui a esté éprouvé à la coupelle, & purifié jusques au dernier carat.

Si c'est une marque de prédestination, lors qu'on a un saint empressement pour entendre la Parole de Dieu; n'est-ce pas un grand avantage aux personnes, qui peuvent, sans aucun empêchement, l'écouter, la mediter, & s'en servir pour la santification de leur ame?

Entre toutes les choses corporelles, rien n'est plus durable que le Ciel & la Terre, dit S. Gregoire Pape; & rien dans la Nature ne passe si vîte que les paroles, puis qu'elles ne subsistent qu'au temps qu'elles sont proferées; & sitôt qu'elles sont dites, elles ne sont plus, ne pouvant

Homelie au 1. Dimanche de l'Av.

estre formées, qu'en s'écoulant successivement. Quand JESUS-CHRIST dit dans l'Evangile: *Le Ciel & la Terre passeront; pour ce qui est de mes paroles, elles ne passeront point*: c'est-à-dire, que tout ce qui est le plus durable dans le monde, ne le peut estre pour toujours; & que ce qui paroist passager, comme la parole, demeure immuable, lors qu'elle exprime des veritez parmanentes & incapables de changement.

Nous pouvons conclure par le discours de ce saint Docteur, que la durée des paroles divines doit estre éternelle; non seulement dans les mysteres qu'elles contiennent, mais aussi dans les effets qu'elles produisent, qui tendent tous à l'éternité; les ames immortelles étant éternellement bienheureuses, ou malheureusement éternelles, selon le bon ou mauvais usage qu'elles auront fait de la parole du Seigneur.

Amos, ch. 8. Les personnes libres ont tout lieu d'apprehender les menaces que Dieu leur fait par un Prophete, quand il dit: *Je leur envoïerai la faim & la soif, non pas du pain & de l'eau; mais la faim de mes paroles*: car bien qu'en ce temps-ci l'on ne manque pas de Predicateurs de la parole de Dieu; il arrive neanmoins que l'esprit demeure toujours vuide, ou par le mépris que l'on en fait, ou par la negligence que l'on a eu en l'écoutant : de maniere qu'au milieu de l'abondance l'on se trouve souvent dans la disette, & l'on tombe dans le malheur dont parle S. Bernard, quand il dit, que la terre qui est souvent arrosée des eaux du Ciel, & qui ne rapporte point de fruit, est reprouvée, & digne de la malediction, que le Seigneur donna au Figuier sterile. *Serm. au jour de S. Pierre & saint Paul.*

C'est un grand bonheur aux personnes libres, si elles se rendent dignes de participer aux effets, que la divine Parole produit dans les ames bien disposées. Le Prophete Isaïe en parle ainsi : Comme « la pluïe & la neige tombent du Ciel & « n'y retournent plus, mais engraissent « la terre, l'arrosent & la font germer, « donnent du grain à celui qui seme ; & « du pain à celui qui mange ; de même, « dit ce Prophete, la parole du Seigneur « ne retourne pas à lui en vain ; mais il « la rendra effective dans les choses pour « lesquelles il l'a envoïée. « *Ch. 55. v. 10.*

S. Augustin nous apprend l'experience qu'il avoit de ces grandes veritez, lors que parlant de sa conversion, de laquelle, aprés Dieu, les Predications de S. Ambroise furent la cause, il dit ces mots : Il n'étoit pas en mon pouvoir de separer ses paroles de mes pensées ; & com- « *Confess. l. 5. c. 14.*

» me j'ouvrois mon cœur pour recevoit
» l'élegance de son discours, la force du
» raisonnement y entroit aussi-tôt. L'on ne doit pas s'étonner, si ce grand Homme s'est donné entierement à Dieu, persuadé par la doctrine d'un autre grand Personnage; puisqu'il semble que la Providence a voulu attacher la prédestination des hommes à l'usage de la divine Parole. Quand on baptise les Chrétiens, on leur fait entendre cette verité, lors qu'en leur touchant les oreilles avec de la salive, on leur dit ces mots: *Ouvrez-vous*; pour leur enseigner par cette ceremonie, qu'ils les doivent avoir extrêmement attentives à la voix de Dieu, qui parle en la personne de ses Ministres & de ses Predicateurs.

Pourquoi la Parole divine n'auroit-elle pas le pouvoir de persuader, étant bien & doctement prêchée: puisque l'éloquence humaine a tant de pouvoir sur l'esprit des hommes, que Ciceron nous assûre qu'il n'appartient qu'à elle de faire trouver doux & agreable, ce qui est difficile & fâcheux, parce que le droit & la raison sont toujours invincibles, lors qu'on les fait bien persuader.

Demosthene, aprés avoir entendu la *Plutarq.* Harangue d'un Orateur Grec, nommé *Callistratus*, qui plaidoit une Cause de consequence, fut si charmé & si épris d'amour pour l'Eloquence, qu'il abandonna toutes les autres sciences, pour s'y adonner entierement : Aussi un ancien Philosophe a dit, que rien ne peut estre comparé à l'homme sage & éloquent, & qu'heureux sont ceux qui peuvent entendre les beaux discours, qui sortent de sa bouche.

Il y a tant de charmes en la Parole de Dieu, elle produit tous les jours tant de merveilleux effets, que l'on est contraint d'avoüer, que c'est un bonheur que d'en avoir le libre usage. Pour bien expliquer en quoi consiste celui que j'attribuë aux personnes libres, il faut savoir que c'est estre tellement maîtresse de son temps, que l'on ne puisse estre empêché d'assister aux Sermons, par aucune puissance superieure, ni par aucune affaire domestique : les loix du Cloître ne leur sont point un obstacle à aller aux Eglises ; & celles du mariage ne les soumettent pas à un mari, qui peut les détourner de l'assiduité aux Prédications, soit par raison, soit par caprice, soit enfin pour veiller aux besoins d'une famille, qui demande toujours la presence de l'un de ses Maîtres.

La parole du Seigneur est si abondante, que non seulement l'on en peut profiter par les Prédications, mais encore par les Conferences particulieres; & c'est en cela que les Neutralistes possedent encore d'autres avantages sur les personnes des autres états; la communication des habiles gens leur étant plus facile, parce qu'elles ont le pouvoir & les moïens de les entretenir, sans en estre empêchées par une autorité superieure, ou par des considerations humaines. Souvent l'on aime mieux se passer d'un bien, soit spirituel, soit temporel, que d'estre obligé d'en faire la demande, par la crainte d'en recevoir un refus, ou de l'obtenir de mauvaise grace & d'une maniere rebuttante.

On sait que les Conferences où se trouvent d'habiles gens, servent d'attrait pour en desirer la continuation; & l'impuissance, où l'on se trouve d'avoir cet avantage avec facilité, n'est pas une mediocre peine. Cette communication est le plus grand plaisir de la vie, à cause que par les Conferences particulieres l'on s'instruit beaucoup mieux, que par les discours publics: l'on y propose ses difficultez, l'on en prend la solution; & si l'on est capable de docilité, l'on peut en quelque maniere devenir savant en communiquant avec les Savans.

CHAP.

CHAPITRE XVI.

La lecture attentive & assiduë.

ENTRE tous les moïens que Dieu a donnez aux hommes pour les rendre éclairez dans les Sciences humaines, & versez dans la vie spirituelle ; nous pouvons dire que la lecture est un des plus essenciels : le grand nombre de Livres que nous avons, est un don singulier de la liberalité divine ; & la facilité d'en avoir librement l'usage, est une faveur particuliere que l'on ne sauroit trop estimer. Neuvième Privilege.

La lecture est la lumiere de l'esprit, la force de l'ame, & la joïe du cœur : c'est un entretien qui soulage la tristesse, le chagrin & les ennuis de cette vie : c'est un conseil fidele & desinteressé dans les doutes & dans les soupçons : c'est la ruïne de l'oisiveté, des conversations inutiles, & de la démangeaison de parler : c'est une societé innocente, qui nous contente avec adresse, & qui nous charme avec douceur. Si-tôt que nous avons de l'amour pour les Livres, & que l'esprit est capable de raisonnement & d'application, l'on fait du progrés dans les belles

Lettres & dans les bonnes mœurs. Aussi on peut dire, que ce sont les deux fins pour lesquelles les Livres & la Lecture ont esté inventez.

Comme l'assiduité & l'attention sont deux choses qui doivent estre inseparables; il est necessaire d'avoir le temps tout à soi, & de posséder un loisir, qui ne soit pas interrompu par les complaisances que l'on doit à un mari, par l'instruction qu'il faut donner à des enfans, par les soins que l'on doit avoir des Domestiques, & par mille autres choses qui sont inseparables du mariage, où l'on peut, à la verité, donner du temps à la lecture, & en faire un saint usage pour s'instruire, se divertir, & se consoler; mais cela ne se fait qu'en des momens ou en des heures dérobées, & par une attention souvent distraite & interrompuë: au lieu que dans le Celibat l'on y peut emploïer un temps considerable, sans crainte d'estre détourné par une si grande diversité d'objets.

L'assiduité demande du temps & un lieu de retraite pour l'exterieur; & l'attention veut un esprit tranquille & intelligent, & qui soit sans trouble dans l'interieur. Les personnes libres peuvent facilement posseder tous ces avantages, si elles savent profiter de leur état: car dans le Cloître les heures sont limitées, & le grand nombre des autres exercices ne permet pas que celui de la lecture soit assidu & de longue durée.

S. Augustin nous apprend, que la réflexion de l'esprit consiste à ramasser les idées des objets pour les bien considerer; car comme c'est l'office de la main de rallier les choses dispersées, c'est celui de la raison de réünir celles qui sont dissipées. Confess. l. 10. c. 11.

S. Thomas nous enseigne, que la speculation est une vertu operative, puisque ce n'est autre chose que l'action de l'esprit, qui contemple & qui réflechit sur ce qu'il s'est proposé pour sujet de son attention. Or de toutes les choses qui demandent une application entiere, l'on peut dire que la lecture est une des plus importantes; & elle ne peut estre profitable, si elle n'est assiduë & attentive. Si nous parcourons seulement les Lettres, comme dit Plutarque, sans nous y appliquer, elles nous fuïent sans les comprendre, à cause que nôtre esprit est autre part; & s'il revient à soi, c'est inutilement, à cause que dans le temps propre pour faire de fortes impressions, on s'est laissé préoccuper à d'autres choses. 2. 2. q. 57. ar. 1.

Un Auteur de ce temps dit fort à propos, que l'homme est un Estre toujours pensant, & que toute sa dignité consiste M. Paschal.

en la pensée, par laquelle il se peut beaucoup élever : quoi que de sa nature il soit foible comme un roseau, il se peut affermir par le bon usage de la pensée, laquelle étant bien conduite, non seulement est le principe de toute connoissance, mais encore de toute perfection chrétienne & spirituelle.

Le Saint-Esprit fait une grande leçon aux personnes libres, lors qu'il dit dans l'Ecriture, que *le cœur du Sage est intelligent, & que son intelligence le gardera de tout peché, & le fera prosperer en œuvres de justice*; car ceux qui sont attentifs & assidus à lire les paroles divines, seront éclairez en peu de temps; & la speculation de leur esprit ne sera point sterile. Il est encore dit au Livre de la Sagesse, qu'elle se laisse trouver à ceux qui la desirent, & qu'elle se montre la premiere à ceux qui l'aiment. C'est pourquoi le travail de celui qui se levera au point du jour, ne sera pas inutile, puisqu'il la trouvera assise à sa porte, pour lui donner un sens parfait & une intelligence assurée.

Ecclef. c. 3.

Ch. 6.

Ces paroles nous font bien voir, que ce n'est que par l'assiduité à la lecture, que l'on peut acquerir la connoissance des belles choses, qui sont renfermées dans les Livres, que l'on peut appeller les Dépositaires de la science des grands Hommes, qui les ont composé. Et comme ils ont coûté beaucoup de travail, de veilles, d'étude, & de peines à leurs Auteurs pour les mettre au jour; il n'est pas juste que ceux qui les lisent, participent à leurs lumieres, sans y donner de l'assiduité, une attention serieuse pour en comprendre le sens & l'esprit, en parcourant la lettre & l'écriture, qui ne sont rien que des notes exterieures, destinées pour nous découvrir tout ce qu'il y a de plus beau dans les secrets de la Grace & de la Nature.

De tout temps les Livres ont esté regardez comme un singulier bienfait de Dieu: c'est pourquoi Seneque écrit, que ceux d'un savant Romain, nommé *Labienus*, étant brûlez par Arrest du Senat, *Cassius Severus*, Sectateur de sa doctrine, dit qu'il faloit donc le brûler tout vif, parce qu'il les avoit si souvent lûs, & avec tant d'application, qu'il pouvoit les rétablir comme auparavant. Fasse le Ciel que les personnes dégagées se rendent si attentives à la lecture des Ouvrages de science & de pieté, qu'elles soient elles-mêmes des Livres vivans & animez!

Liv. 10. des Controvers.

S. Bernard expliquant ces paroles de l'Ecclesiastique: *Lisez la Sagesse parmi* Ch. 38.

le repos & avec loisir, nous apprend que l'oisiveté de la Sagesse est une affaire tres-importante ; & que moins elle est occupée des choses étrangeres, plus elle est attachée à son propre exercice, qui n'est autre que la speculation & la lecture des choses divines.

Serm. 36. & 85. sur le Cantiq.

Il faut bien que cet exercice soit d'une grande utilité, puis que Saint Pierre exhorte les Chrétiens de s'y adonner en des termes fort pressans : *Vaquez à la lecture de la Parole de Dieu, qui est la semence incorruptible de vôtre salut, la lumiere de vôtre vie, la guide des pecheurs, l'instruction des ignorans, & la consolation des affligez.*

Epist. 1. ch. 1.

Les Livres qui servent d'entretien aux personnes libres qui aiment la lecture, sont spirituels, savans, instructifs, & divertissans : Comme spirituels, ils conduisent dans le chemin du salut : comme savans, ils preservent de l'ignorance : comme instructifs, ils apprennent une infinité de choses, que l'on n'auroit jamais suës, s'il ne s'étoit trouvé des Ecrivains, qui les ont laissées à la posterité ; & comme divertissans, ils soulagent l'esprit, qui s'ennuïe quelquefois par trop d'application.

Petrarque dit, que rien ne peut donner l'éternité dans le temps, & rendre le nom des hommes immortel, que la sainteté de leur vie, la grandeur de leurs emplois, & l'excellence des Livres qu'ils ont composez : Ce sont des avantages incomparables, que possedent les gens d'esprit par-dessus les Riches & les Puissans de la terre ; dautant que par ce moïen ils communiquent des biens permanens, au lieu que les autres n'en sauroient donner que de perissables & de passagers.

L'amour des Livres est quelque chose de si grand, tant pour ceux qui en sont les Auteurs, que pour ceux qui les lisent, qu'il imprime comme un caractere singulier, qui fait passer les uns & les autres pour des personnes spirituelles & éclairées. Il ne faut pas douter que ce ne soit la cause pour laquelle nous avons des Livres sans nombre, étant une chose impossible de savoir les noms de tous les Auteurs, & ceux de tous les Livres qu'ils ont composez ; tant l'émulation des hommes est extraordinaire pour se perpetuer par les productions de leur esprit.

Entre tous les Livres qui doivent estre en veneration aux personnes qui passent leur vie dans le Celibat ; l'ancien & le nouveau Testament, que nous appellons *Ecriture-Sainte*, tient le premier rang. Un Auteur Moderne en parle de cette *Paschal.*

» maniere : La création du monde com» mençant de s'éloigner, Dieu a pourvû » d'un Historien fidele, & a commis » tout un Peuple pour la conservati[on] » de ce Livre, afin que cette Histoire fût » la plus celebre du monde, & que les » hommes pussent apprendre des choses » si necessaires à savoir.

Saint Jean Chrysostome enseigne à ce sujet, que l'Evangile veut dire *Bonne-Nouvelle*, parce qu'il annonce à tous les hommes qui sont assis dans les tenebres & dans l'ombre de la mort, la délivrance des peines, le pardon des pechez, la justice, la santification, la redemption, l'adoption des enfans de Dieu, l'heritage de son Roïaume, & la gloire d'estre les freres de son Fils unique. Et pour nous mieux faire comprendre les grands biens que l'on peut tirer de ce Livre, il nous assure que c'est le miroir de nôtre ame; car non seulement il nous découvre l'état déplorable où nous sommes : mais encore il nous montre les moïens d'en sortir.

Hom. 4. sur saint Math.

Lors que le Peuple d'Israël fut transporté à Babylone, le Prophete Jeremie donna les Livres de la Loi aux plus considerables, afin que jamais ils ne missent en oubli les Commandemens du Seigneur, & qu'ils n'errassent point en leurs pensées, lors qu'ils verroient les Idoles d'or & d'argent des Idolatres. Il faloit que ce Livre fût bien gravé dans leur cœur, puisqu'il dit que les Enfans d'Israël lisoient la Loi du Seigneur leur Dieu, quatre fois le jour, & autant de fois la nuit. N'est-il pas juste, que les personnes libres soient en cela de veritables Israëlites, & qu'elles suivent exactement les conseils que saint Paul leur donne, quand il dit aux Thessaloniciens : *N'éteignez pas l'Esprit de Dieu en vous, & gardez-vous bien de negliger les Prophetes.* Et aux Galates : *Le Juste doit vivre de la Foi.*

2. Livre d'Esdras.

Ch. 5. v. 16.

Ch. 3. v. 11.

Comme l'Ecriture-Sainte renferme un sens litteral, & un autre, qui est spirituel & mystique ; elle n'est pas d'une intelligence si facile que l'on peut s'imaginer : C'est pourquoi il faut que les Neutralistes qui s'adonnent à la lecture des Saintes Lettres, voïent les explications, les Homelies, & les Commentaires des Peres sur l'un & l'autre Testament, afin de ne point tomber dans l'erreur & dans l'incredulité. Les seuls Theologiens peuvent nous faire connoître les choses abstraites, dont la sublimité se dérobe à nôtre esprit, lors qu'il n'est pas assez fort, ni assez éclairé pour penetrer des choses si profondes & si relevées.

L'esprit humain ne pouvant estre toujours occupé à la lecture des choses graves & serieuses, qui ne se laissent comprendre que par une grande assiduité, & que par une attention extraordinaire; il faut, pour le soulager, lui donner quelquefois une lecture divertissante & capable de le recréer. Cela se fait par les Livres d'Histoire, par les Relations, & par les Ouvrages Poëtiques; lesquels peuvent estre compris sans beaucoup d'application, & sans faire une grande reflexion; & qui par consequent ne demandent pas un temps si considerable: ce sont des choses qui se développent aisément à l'esprit, lequel ne trouvant aucune peine à les lire, parce qu'elles l'entretiennent agreablement, est toujours disposé à cette lecture.

Mais quelque utile que soit un exercice, on peut y tomber dans le défaut & dans l'imperfection. Les personnes qui aiment les Livres, si elles n'y prennent garde, sont sujettes à la précipitation, à la curiosité, & à la vanité: la précipitation est opposée à l'assiduité, la curiosité à l'attention, & la vanité à la sagesse; neanmoins ces trois qualitez sont necessaires pour bien comprendre ce qu'on lit, & pour en faire une application judicieuse; car la précipitation étouffe les lumieres de l'esprit, la curiosité les dissipe, & la vanité les corrompt. La premiere se porte sur les Livres, comme un estomac affamé, qui devore les viandes sans les digerer ; de sorte qu'elles lui sont plus préjudiciables qu'utiles. La seconde n'en fait usage que pour une satisfaction passagere, qui se termine à avoir lû, sans passer plus avant ; & la troisiéme se propose une fin vicieuse, qui n'est autre que d'acquerir de la gloire devant les hommes, par des connoissances qui ne sont pas communes.

Comme la lecture est un des principaux exercices des personnes libres, elles sont aussi plus souvent dans l'occasion de tomber dans ces défauts, que celles qui lisent peu & rarement, & c'est à quoi elles doivent prendre garde.

On doit encore remarquer, que l'attribution d'une lecture assiduë & attentive que je fais aux Neutralistes, n'est pas pour persuader que cette lecture doive estre continuelle, puis qu'il est constant qu'il y faut de la moderation, autant & plus qu'en tout autre exercice : parce que l'application devant estre forte & attentive, on y doit garder des mesures, qui ne sont pas necessaires en plusieurs autres pratiques : cela se doit entendre, qu'étant maîtresses de leur tems, comme personnes qui vivent sans engagement, elles doivent avoir un amour extraordinaire pour la lecture, & avoir des heures qui y soient destinées.

CHAPITRE XVII.

Facilité de l'étude.

Dixième Privil.

IL semble que ce soit un paradoxe, que de proposer l'étude comme une chose facile, puis qu'il y faut apporter une si grande application, que tres-peu de personnes peuvent la soutenir; & qu'il s'en trouve encore moins, qui remportent l'avantage d'y réüssir: neanmoins comme je regarde cette facilité pour celle du temps, & des moïens necessaires à l'étude, & non pas pour la suffisance & pour la capacité qu'il faut avoir pour se rendre habile; on ne sauroit trouver étrange l'attribution que j'en fais aux personnes dégagées, qui peuvent fort aisément avoir tout ce qui est necessaire pour s'y adonner.

L'esprit humain n'est pas assez fort pour s'instruire soi-même par le seul secours de la lecture, lors qu'il veut penetrer dans les connoissances abstraites. Avec des Livres il faut des Maîtres: cela est si veritable, que même l'on ne sauroit réüssir dans les Arts méchaniques, sans les preceptes & sans l'exercice. Dans le Celibat on peut s'adonner à l'étude, avec plus de facilité que dans le Cloître, ou dans le mariage; parce que l'on a plus de temps & plus de moïen pour avancer dans les sciences.

Quoique dans une vie sans engagement, on soit obligé d'avoir beaucoup de respect pour les autres vocations; neanmoins il ne faut pas negliger ses propres avantages. Comme celui de l'étude est singulier, les personnes libres qui se sentent de l'inclination pour les Lettres, doivent considerer trois choses; le merite des Sciences; celles qui leur sont les plus convenables, & les raisons particulieres qui les obligent de s'y addonner.

1. Elles seront entierement convaincuës du respect qu'il faut avoir pour les belles choses, si elles se souviennent des paroles du Sage, qui nous apprend, que *le Souverain a donné la science aux hommes pour estre honoré par ses merveilles, & que l'ame qui en est privée, ne possede aucun bien.* Et pour nous mieux apprendre l'excellence de cette qualité divine, il la fait parler elle-même en ces termes : *Moi qui suis la science, je* Ecclesi. ch. 38.

Prov. c. 8. &c. *préside aux sages conseils, & je suis presente aux judicieuses pensées. L'équité, la prudence, la force, & l'érudition sont tellement à moi, que par elles je donne la vie à celui qui les possede.*

Quoique ces paroles nous fassent connoître, que c'est d'une science infuse dont l'Ecriture parle, plûtôt que d'une science speculative; neanmoins comme l'une n'est point opposée à une autre, & que toutes les Sciences en general sont tres-bonnes en elles-mêmes, pourvû qu'elles ne soient point corrompuës par de mauvais principes, & par des fins vicieuses; nous pouvons tirer cette consequence, qu'elles peuvent se rapporter aux titres illustres, que l'Oracle sacré donne à la Science celeste & infuse.

On ne sauroit refuser aux personnes, qui vivent dans le Celibat, une facilité particuliere pour l'étude, si on considere qu'elles sont libres & dégagées de plusieurs empêchemens, qui se trouvent dans les autres conditions. Le Prince des Philosophes dit, que trop de chair empêche les operations de l'esprit; & que c'est par cette raison que l'homme en a fort peu à la tête, afin qu'il soit de meilleur sens & de plus parfait jugement, pour recueillir & ramasser les images des choses sensibles, qu'il reçoit par les sens, afin

II. Livre des Animaux.

de se les rendre intelligibles par l'abstraction.

Il est facile de concevoir par ce peu de paroles, l'estime que nous devons faire de la Science, à laquelle les Ames libres se pourront appliquer, si elles retranchent les emportemens des passions, l'intemperance de la langue, le trop grand sommeil, & les autres vices, qui obscurcissent l'ame par la corruption des sens.

Quoique dans un Traité particulier, j'aïe montré, que les personnes du sexe peuvent beaucoup profiter dans les sciences; je ne laisserai pas d'en dire quelque chose en faveur des Neutralistes, toutefois en peu de mots, pour ne pas repeter ce que j'ai dit ailleurs. Leur étude peut avoir pour objet les choses divines, les humaines, & les artificielles. Les premieres ne se peuvent apprendre par les forces naturelles; le secours de la Grace, & les lumieres de l'Esprit de Dieu sont necessaires pour cela : car bien que l'on enseigne dans les Chaires les Mysteres; qu'il y ait des Ecoles de Theologie, où l'on dispute & où l'on argumente sur tout ce qui concerne cette Science divine, à moins qu'une ame ne soit éclairée de la Foi, elle n'en sauroit comprendre les grandes veritez.

Il n'en est pas de même des Sciences humaines, qui se peuvent apprendre par la vivacité de l'esprit, & par les forces d'une puissance naturelle, qui travaille à perfectionner son intelligence par l'étude & par les réflexions. C'est ici que les personnes dégagées doivent par la Logique regler le Discours de la raison humaine, son office étant de connoître les choses, & d'en faire un amas pour former ses argumens de plusieurs notions differentes; que la Morale sert à les instruire touchant les bonnes mœurs, la maniere de bien vivre, & de moderer leurs passions. C'est encore par la Physique qu'elles seront éclairées touchant les proprietez de ce grand Corps naturel, sous lequel sont compris tous les Estres sensibles & animez, aussi-bien que ceux qui sont sans mouvement & sans vie. C'est enfin la Metaphysique qui leur enseigne les cathégories, les notions abstraites, l'essence & l'existence de l'Estre en general, & les autres connoissances qui surpassent la portée des sens corporels.

Comme tous les esprits ne sauroient s'adonner à l'étude des Sciences relevées & speculatives; il y en a d'autres, qui leur sont inferieures, & qui peuvent servir d'entretien à ceux qui ont moins de penetra-

penetration. Les Arts liberaux qui travaillent sur des choses plus materielles, sont aussi plus faciles à comprendre; car la Grammaire qui se définit *un Art qui enseigne à écrire & à parler correctement*; s'applique à étudier les mots, à former des syllabes, & à unir ensemble les differentes parties d'un discours. La Rhétorique n'a point d'autre but, que de polir & orner le discours, afin de persuader ce qu'elle propose. L'Arithmetique s'arrête à compter, nombrer & supputer, pour avoir une intelligence plus facile des choses temporelles, pendant que les autres Arts s'arrêtent les uns à l'harmonie du Chant, comme la Musique; les autres à l'influence des Astres, comme l'Astrologie; & d'autres encore à mesurer, arpenter, & à découvrir les degrez de latitude, de longitude, & de largeur de la Terre habitable.

A tous ces Arts plusieurs ajoûtent la Poësie, qui consiste en paroles reglées, en rimes & en syllabes comptées: l'on y met en usage toutes sortes de sujets, tant sacrez que profanes, aussi-bien la Fable que l'Histoire. Il y a encore de certains Ouvrages de distinction, que l'on met au rang des Arts, & qui demandent non seulement l'adresse des mains, mais aussi la vivacité de l'esprit, comme la Peinture

& le Dessein, où il faut que l'imagination soit inventive & arrêtée.

Voilà de grands sujets pour occuper les personnes libres : mais aprés avoir montré le merite de l'étude, & la diversité des connoissances ausquelles elles se peuvent appliquer ; il faut enfin remarquer les raisons qui peuvent les engager à un exercice si utile. La premiere, parce que c'est un moïen de rendre service à Dieu ; La seconde, pour se perfectionner soi-même ; & la troisiéme, afin d'estre utile au prochain.

Il n'y a point de raison plus forte pour embrasser une chose, que d'avoir la pensée que Dieu l'exige de nous ; & nous ne pouvons jamais le bien connoître que par la consideration de ce que nous avons reçû de sa bonté. Or l'intelligence & la raison contribuent tellement à la perfection de la Nature humaine, que sans elle nous ne pouvons prétendre nous élever à Dieu. Le Seigneur n'a rien créé d'inutile ; & nous ne saurions plus l'honorer, que par l'usage d'une raison instruite & éclairée ; mais ce grand bien ne se peut acquerir que par l'étude.

Ecclés. c. 38. *Le Seigneur*, dit le Sage, *a créé la Medecine en terre, & l'Homme prudent ne la negligera jamais ; il en saura faire des compositions de douceur, & des onctions propres pour donner la santé.* Ce remede salutaire à l'esprit humain, ne peut estre que la reflexion & la connoissance qui le portent à Dieu, en le separant des choses mauvaises & inutiles. Il n'appartient qu'à une ame bien occupée de rendre fidellement ses devoirs à la divine Majesté.

Si aprés ce que l'on doit à Dieu, il est permis de se considerer soi-même, les personnes qui vivent sans engagement, ne sauroient jamais rien entreprendre de plus avantageux pour elles, que l'étude de quelques Sciences ou Arts, pour exercer leur esprit, & pour emploïer leur tems : Elles seront fort encouragées à ce genereux dessein, si elles considerent l'exemple que Plutarque leur met devant les yeux en la personne d'une tres-noble & tres-illustre Dame, * laquelle, quoique fort infirme de corps, alla consulter l'Oracle pour savoir par quel moïen elle pourroit estre guerie ; Les Dieux lui firent réponse, qu'il n'y en avoit point d'autre, que de servir & imiter les Muses, en s'adonnant à l'étude de la Philosophie, de la Poësie & de la Musique ; ce qu'aïant executé fidellement, elle fut bien-tôt délivrée de ses maladies, & acquit beaucoup de reputation par sa science & par sa vertu.

* Telesile.

Le même Auteur rapporte à ce sujet, que les habitans de *Delos*, Ville de Grece, aïant prié Platon de leur expliquer un Oracle tout-à-fait obscur, qui leur promettoit la délivrance des maux dont ils étoient accablez, si-tôt qu'ils auroient doublé l'Autel de leur Dieu, qui étoit dans le Temple de leur Ville; ce qu'ils prenoient materiellement, n'étant pas assez éclairez pour comprendre le sens de ces paroles. Mais ce Philosophe leur fit bien connoître, que Dieu reprochoit aux Grecs leur ignorance, & qu'il leur commandoit d'étudier attentivement la Philosophie, & les autres Sciences, en redoublant leur assiduité pour s'y rendre habiles.

To. 2. Tr. 25.

Cela doit apprendre aux personnes libres, qu'il n'y a rien de plus efficace pour perfectionner leur esprit, regler leurs mœurs, charmer leur ennui, soulager leurs peines, mépriser les choses temporelles, & enfin pour aimer la retraite, & pour s'entretenir utilement soi-même, que de s'occuper à l'étude des belles Lettres & des Sciences.

S'il est vrai ce que dit un Moderne, qu'il n'y a rien de si raisonnable en la Nature, que de vouloir le bien, rien de si éclatant que de savoir beaucoup, & rien de si profitable que d'aspirer à la vraïe

Sagesse ; les Neutralistes doivent estre entierement persuadées de s'appliquer à l'étude des Sciences ; l'inclination qu'elles doivent avoir pour un si bel exercice, leur en facilitera la pratique, & les mettra dans la possession de leurs recherches.

Les paroles de *Seneque* à l'un de ses amis, pourront les confirmer en cette pensée d'aimer l'étude : Laisses tout ce « qui t'empêche l'application de l'esprit, « dit ce Philosophe, & ne penses qu'à « rendre ton ame parfaite. Ceux qui sont « trop occupez dans les affaires, ne peu- « vent réussir dans la speculation, à cause « que la Philosophie est une Souveraine, « qui ordonne le tems, & ne le reçoit « de personne ; elle ne veut pas estre ser- « vie à des heures perduës ; c'est pour- « quoi demeures toujours en sa compa- « gnie, & fais en sorte qu'il y ait une « Ep. 14. & 54. grande difference entre toi & les au- « tres hommes. L'Eloquence qui s'attire « l'admiration des Peuples, a ses enne- « mis, pendant que l'étude de la Philo- « sophie est pleine de repos, & ne s'ap- « plique qu'à ses propres affaires. «

La troisiéme raison qui doit porter les personnes qui vivent dans le Celibat, à s'attacher à l'étude, c'est que par son moïen on peut se rendre utile aux autres, aprés s'estre perfectionné soi-même.

Il faut demeurer d'accord, que les personnes éclairées par l'étude, sont plus capables de donner de sages conseils, & d'avoir une conversation utile, que celles qui n'ont nulle connoissance des Lettres, qui n'ont point lû les bons Auteurs, & qui ne savent pas même la forme du raisonnement. Si les Neutralistes ont une famille, l'étude les rend habiles pour enseigner les personnes qui la composent : Si elles ont une Societé, leur conversation peut estre utile par les bonnes choses dont on s'y entretient ; & si elles travaillent dans leur retraite, leurs Ouvrages pourront paroître en public.

Le merite de l'étude qui est si grand, ses objets dont le nombre est presque infini, & les raisons qui persuadent de s'y adonner, demandent quatre choses pour réussir. La premiere c'est l'intelligence de l'esprit : La seconde c'est une inclination portée à la retraite : La troisiéme c'est d'estre libre pour emploïer le tems ; & la quatriéme c'est d'avoir des Maîtres habiles.

L'esprit est tellement necessaire pour apprendre, qu'on ne sauroit jamais rien savoir, s'il n'est intelligent & tranquille;

& la Science lui est aussi tellement necessaire pour le perfectionner, que sans étude il n'est pas moins défectueux, qu'un corps qui seroit sans aucun vêtement.

L'esprit n'est pas seulement necessaire pour l'étude; il l'est encore pour bien regler celle que l'on veut entreprendre; car les personnes libres doivent estre aussi prudentes en cette entreprise, qu'intelligentes & éclairées : Leur étude doit estre particuliere & solitaire, & non pas éclatante & publique, pour ne point s'exposer aux murmures des envieux.

La seconde chose pour bien réussir dans l'étude des Sciences, c'est l'inclination : C'est une chose si penible, que la contention d'esprit, qu'il faut avoir pour s'avancer dans les belles connoissances, que si le plaisir que l'on reçoit en apprenant, n'adoucit la rigueur du travail, il est impossible de réussir dans cette entreprise.

L'Etude de soi-même est laborieuse & penible, puisqu'elle se fait de choses que l'on ignore, & que l'on desire savoir : Neanmoins il arrive souvent, que cette grande difficulté que l'on trouve à l'étude, se change en une satisfaction singuliere. Cela fait dire à un Moderne, que la speculation continuelle qui est d'une si grande fatigue, ne laisse pas d'estre pour les Savans un exercice, par lequel ils obtiennent les douceurs de l'esprit; & d'une peine apparente, ils s'en font un veritable plaisir.

La troisiéme chose, qui est absolument necessaire pour apprendre, c'est le tems: Quand bien on auroit beaucoup d'esprit, & une forte inclination pour l'étude, si l'on n'a pas le pouvoir de regler ses heures, & d'estre en repos dans ces momens precieux de la speculation; les plus beaux talens sont inutiles, & on ne peut pas faire un grand progrés dans la Science. C'est ce qui faisoit dire à Ciceron, lors qu'il étoit solicité de prendre une femme aprés qu'il eût repudié la sienne, que *c'étoit une chose impossible d'épouser une Femme, & la Philosophie ensemble.*

Socrate disoit qu'il avoit surmonté les malheurs de la pauvreté par les bienfaits de la Fortune; les chicanes de la Grammaire par l'étude; mais qu'aprés avoir esté victorieux de ces deux grands maux, il se trouvoit attaché à un troisiéme dont il ne pouvoit pas se délivrer; c'étoit l'engagement qu'il avoit dans le Mariage, qui lui servoit d'obstacle à ses études.

Il faut encore un quatriéme moïen pour l'acquisition des Sciences, ausquelles l'on ne sauroit parvenir, si l'on n'est aidé par d'excellens Maîtres. Les uns sont les Livres, qui nous enseignent une infinité de belles choses; les autres sont les Savans, qui nous expliquent ce que nous avons lû. Et l'on ne sauroit avoir les uns ni les autres, que par les bienfaits de Fortune: Il faut de l'argent pour avoir des Livres, il en faut encore plus pour avoir des Maîtres habiles. Quand je propose l'amour de l'étude aux personnes libres, je n'entens parler, qu'à celles qui ont reçû de Dieu un esprit capable d'apprendre les belles Lettres; à celles dont l'inclination est portée naturellement à ce grand excice; à celles qui sont Maîtresses d'elles-mêmes, & qui sont, au moins mediocrement, accommodées de biens, sans lesquels il est difficile de réüssir dans aucun grand dessein.

CHAPITRE XVIII.

Societé sans engagement.

Onziéme Privilege.

PLaton a fort bien défini la nature de l'Estre sensible, lors qu'il a dit, que *c'est une Societé de l'ame & du corps pour les fonctions des choses exterieures.* Et pour définir la Societé humaine & civile, qui est une effusion de celle qui est naturelle, nous pouvons dire que *c'est une assemblée de personnes, qui s'accordent & qui s'unissent entre elles, pour se donner du secours les uns les autres.*

Cette définition est si juste, que l'on ne peut la contredire, si on fait reflexion sur ce que dit Aristote, que *l'Homme est un animal civil & naturellement porté à la Societé.* Seneque nous confirme cette proposition par ces paroles : La » Nature a donné deux choses à l'Hom» me, dit ce Philosophe, qui le rendent » tres-puissant, quoi qu'il soit exposé à » une infinité de dangers ; c'est la rai» son, & la societé, qui sont deux fa» veurs que nous avons reçûës de la li» beralité de Dieu, & par le moïen des» quelles nous pouvons converser avec » nos Citoïens, & entretenir la Societé,

Morale, l. 9. c. 9.

Bienfait, l. 4. c. 18.

Il faut remarquer qu'il y a plusieurs Societez differentes, ainsi que nous l'apprend le Prince des Philosophes, quand il dit, que les Hommes s'associent pour l'établissement des choses necessaires à la vie humaine, la Societé n'aïant commencé & continué que pour leur utilité. Mais il y en a d'autres encore, qui ne regardent pas seulement le bien public, mais encore le bien particulier, comme il se voit en ceux qui font des voïages par mer, & qui s'associent dans le dessein de s'enrichir. En troisiéme lieu il y a des Societez qui ne sont que pour le plaisir; ceux qui les font n'ayant point d'autre motif, que la satisfaction qu'ils en retirent.

Morale, l. 8. c. 9.

Saint Thomas en a fait une division plus precise, quand il a dit, qu'une Societé peut estre établie entre plusieurs hommes, en deux manieres. Premierement par l'autorité souveraine du Prince, qui l'ordonne, qui la regit, & qui la commande. En second lieu par la volonté particuliere de plusieurs, qui fondent un commerce, selon l'étenduë de leur pouvoir.

Dans les Societez qui se font par ordre des Souverains, on comprend les Communautez Monastiques, & celles des Familles particulieres, où les maris

& les femmes, les peres & les enfans, les maîtres & les domestiques, vivent ensemble : Cela s'est pratiqué de tout tems : Les Roïaumes & les Provinces, les Citez & les Villes, sont composées de ces differentes Societez, qui sont toutes gouvernées par une puissance Souveraine.

On a établi encore d'autres Societez pour le bien & pour la conservation de la Republique, comme les Assemblées & les Corps de Justice, afin de maintenir la paix, & de rendre à chacun ce qui lui appartient ; & il y en a encore d'autres pour le commerce des choses necessaires à la conservation & aux plaisirs de la vie.

Dans les Societez qui dépendent de la volonté des Particuliers, il s'y trouve encore une grande difference, parce que les esprits, les humeurs, & les inclinations des hommes, en sont les causes & les principes: Les uns se mettent ensemble pour trafiquer & pour amasser des richesses ; les autres pour se divertir & pour passer le tems ; d'autres enfin pour pratiquer les œuvres de pieté, prendre conseil dans les affaires, se consoler dans les afflictions, & pour recevoir du secours les uns des autres.

Il faut remarquer que ces Societez particulieres sont si libres, qu'aïant commencé par la volonté de ceux qui les composent, elles peuvent aussi finir par ce même principe; c'est ce qui fait dire à un Moderne, que l'homme étant né pour vivre en compagnie, celle qui vient du choix est beaucoup plus forte & plus agreable que les autres, qui n'ont que la politique & les apparences pour leur motif.

L'union des cœurs, dit Aristote, est inseparable de la vertu, laquelle contribuë beaucoup au bonheur de la vie, qui ne peut estre heureuse sans communication & sans societé. Il est aisé de comprendre, que les personnes qui vivent dans le Celibat, ne participent point à la plûpart des Societez dont je viens de parler; il reste à faire voir celles qui leur sont le plus propres & le plus convenables, & à éviter celles qui sont le plus opposées à leur vocation.

Les Societez des Personnes libres doivent estre de deux manieres; l'une spirituelle pour la conference des choses saintes; & l'autre civile & humaine pour se rejoüir, se consoler, & se donner les secours necessaires dans les disgraces qui arrivent tous les jours. Ces Societez n'emportent point avec elles d'attachement importun; on peut facilement s'en dégager, lors qu'elles deviennent à charge

& fâcheuses; & c'est la raison pour laquelle je les appelle *sans engagement*.

La Societé où l'on trouve souvent de tres-grands avantages, ne laisse pas d'avoir ses peines & ses difficultez; mais avant que de parler des peines d'une Societé fâcheuse, il faut remarquer les utilitez de celle qui est juste & agreable.

Ch. 4. v. 9. &c. » Il vaut mieux estre deux, que d'estre » seul, dit le Saint Esprit dans l'Eccle- » siaste, parce qu'ils ont le profit de leur » compagnie; & si l'un tombe, il sera » relevé par l'autre: c'est pourquoi mal- » heur à l'Homme qui est seul; quand il » tombera, il n'aura personne qui le sou- » tienne. Et pour nous imprimer encore davantage le bonheur de la Societé; il » dit encore: Si deux dorment ensemble, » ils seront rechaufez; mais comme » pourra celui qui est seul, s'exemter de » la froidure? & s'il est attaqué, quel » moïen aura-t-il de se défendre? au lieu » que s'il est accompagné, deux resiste- » ront facilement à la puissance d'un » seul?

Cet Oracle sacré nous apprend, que ceux qui s'associent ensemble, en peuvent tirer trois grands avantages. Le premier d'estre relevé de leurs chûtes: Le second d'estre consolé en leurs peines: Et le troisiéme d'estre protegé dans les persecutions qu'ils souffrent : Ils sont soutenus, quand ils tombent ; rejoüis, quand ils sont tristes ; & défendus, quand ils sont attaquez.

On tombe en trois manieres ; savoir, de la santé en la maladie ; des richesses en la pauvreté ; & de la bonne reputation dans la calomnie. En toutes ces chutes, on peut trouver du remede par le moïen de la Societé.

Le Corps humain qui participe de la nature des quatre Elemens, est facilement corrompu par le mauvais mélange des quatre humeurs, & si mal-traité par les qualitez contraires, que la santé qu'il possede, est souvent attaquée par les maladies qui l'assiegent de toutes parts : C'est dans ces souffrances, que les Hommes connoissent mieux que jamais, la necessité qu'ils ont du secours les uns des autres, & où ils ressentent les grands biens de la Societé ; car étant tombez dans l'impuissance de s'aider eux-mêmes, à cause de la foiblesse où le mal les reduit ; ils reçoivent alors les assistances & les secours que le Seigneur promet à ceux qui sont accompagnez.

Ce n'est pas seulement par les maladies, que les hommes reconnoissent combien l'on tire d'avantages de la Societé ; parce que s'ils viennent à tomber de l'abondance dans la pauvreté, & qu'ils soient favorablement secourus par les bienfaits de leurs Associez, ils comprennent beaucoup mieux qu'ils n'ont jamais fait, que rien ne leur est plus utile que la compagnie de leurs semblables. Par ce moïen ils sont soulagez en leur misere, où ils demeureroient ensevelis sous le po'ds des incommoditez que cause la necessité, sans le secours de ces Societez charitables.

Lors que l'on vient à tomber d'une bonne reputation dans la calomnie, on est encore soutenu par le moïen de la Societé; & comme les injures sont plus sensibles à beaucoup de personnes, que la maladie & la pauvreté, & que bien souvent elles retournent sur tous les Associez, elles sont aussi les mieux vengées.

Aprés que l'on est relevé de ces trois grandes chutes par le moïen de la Societé, elle porte ses avantages encore plus loin; parce que non seulement elle travaille à soulager dans les peines, mais elle communique encore une certaine douceur, qui rend la vie plus agreable, les maux plus legers, & les ennuis moins fâcheux: c'est ce que le Texte sacré nous fait bien comprendre, lors qu'il dit, que *celui qui a froid, sera rechauffé par la bienveillance de ceux qui lui sont associez.*

Ces paroles nous marquent une surabondance de consolation & de soulagement, avec une certaine onction qui fait trouver douces, les choses qui d'elles-mêmes seroient ameres & insupportables.

Il faut que la Societé renferme quelque chose de grand, puisque JESUS-CHRIST nous assure en l'Evangile, que *si deux personnes s'assemblent en son nom, & s'accordent sur la terre, tout ce qu'elles demanderont à son Pere celeste, leur sera donné.* Ce même Seigneur averti par ses Disciples, que quelques-uns qui n'étoient pas de leur nombre, délivroient les possedez en son nom, leur commanda de ne les point empêcher, & de regarder comme amis ceux qui ne leur étoient pas opposez, tant il étoit amateur de la Societé.

S. Matth. c. 18.

S. Luc, c. 9.

Les Anciens appelloient *Barbares* les Peuples dont les mœurs n'étoient pas conformes à la commune façon de vivre des autres hommes, à cause qu'ils s'éloignoient de la droite raison, soit par ignorance, soit par une rusticité arrogante; & nous pouvons dire aujourd'hui que ceux qui s'écartent des sentimens de l'humanité par les persecutions qu'ils suscitent à leur prochain, meritent doublement ce nom : car non seulement ils dementent la Societé humaine; mais encore ils s'opposent à tout ce qu'il y a de plus doux dans le Christianisme, & ils se rendent les fleaux des personnes les plus foibles, qu'ils accablent par des oppressions publiques, & par des tromperies secrettes.

On ne sauroit jamais se garentir de ces disgraces, si ce n'est par le moïen d'une fidelle Societé: C'est l'avis que nous donne la Sainte Ecriture; elle nous assure que deux peuvent resister à un seul, & qu'un plus grand nombre en peut surmonter un moindre, particulierement lors que l'équité & la justice sont du parti de la Societé.

Tous ces avantages sont trop grands pour en priver les personnes qui vivent dans le Celibat; étant sans engagement elles ne peuvent prétendre à la protection & aux secours que l'on reçoit dans les Communautez, qui sont de grandes Assemblées, où la Societé paroît avec éclat: Elles n'attendent encore rien de celle qui se trouve dans les familles entre le mari & la femme, les peres & les enfans, qui sont les plus engageantes. Mais neanmoins elles ne laissent pas de prendre part à ces Societez, où plusieurs personnes en grand ou petit nombre s'unissent ensemble par un esprit de charité, & même d'humanité, pour s'entr'aider en leurs besoins, & avoir d'honnêtes conversations, pour dissiper les ennuis, qui sont ordinaires en cette vie.

C'est encore dans ces Societez volontaires, où l'on s'assemble par un mouvement de pieté, pour s'exciter à la vertu, & pour s'avertir charitablement, tant de ses défauts particuliers, que des choses qui peuvent estre utiles. Et quoique l'on ne soit pas dans une même maison, la Societé ne laisse pas d'estre fort profitable, parce que l'on se trouve toûjours disposé de part & d'autre, à se rendre service dans le tems de la necessité.

Ces alliances volontaires, humaines & civiles, étant les effets d'une inclination & d'une promesse reciproque, encore qu'elles ne soient pas engageantes, ne laissent pas d'exiger une bonne foi, exempte d'infidelité, d'indiscretion & de changement.

C'est une espece d'équité de ne point manquer de parole à ceux avec lesquels l'on est associé. C'est pourquoi Ciceron avoit coutume de dire, que la bonne « foi étoit le fondement de la Justice, « & que ceux qui en étoient pourvûs, « faisoient le bonheur des Societez. «

Lors que les personnes libres trouveront des esprits éclairez, mais humbles & pacifiques; des ames fortes & courageuses, mais tendres & familieres; des humeurs sages & moderées, mais agreables & joïeuses; elles pourront faire des Societez, mais sans engagement.

CHAPITRE XIX.

Les Societez dangereuses.

ENtre tous les animaux, il n'y en a point de plus miserable que l'homme, dit Homere, à cause que les autres se donnent du secours, chacun en leur espece, mais lui seul est persecuté par ses semblables.

Seneque, pour nous faire connoître combien il faut estre judicieux dans le choix d'une Societé, se sert de cette expression: Les uns vivent dans le monde » pour l'ambition; les autres pour la dis» solution, & pour la dépense: Ceux-ci » sont portez au desir des Sciences; & » ceux-là se plaisent dans les jeux & dans » les spectacles publics. L'esprit & l'a» dresse attirent les uns à la Societé; » l'amitié y engage les autres; & tous en » general s'en servent pour faire un com» merce, ou de vice ou de vertu. C'est » par toutes ces raisons que les person» nes libres doivent prendre garde à ne point se méprendre dans la recherche d'une Societé, où il est facile de contracter les mœurs de ceux, avec qui il faut converser.

On ne trouve qu'un trop grand nombre de difficultez dans les Societez que l'on lie les uns avec les autres : toutes ces contrarietez n'ont point d'autre source, que la malice de l'esprit, la corruption des mœurs, ou la haine des personnes associées. Si l'esprit humain est ingenieux à procurer du mal à ceux qui lui déplaisent, il est encore plus pernicieux, lors qu'il est de mauvais exemple; mais si-tôt que l'aversion ou la haine se mettent du parti, il fait la consommation de sa malice avec celle de sa persecution.

La malice, qui est un défaut contraire à la droiture & sincerité, est une source de tromperie & de médisance; & jamais elle n'a plus d'occasion de se faire sentir, qu'auprés des personnes qui sont associées. Il n'y a pas de repos en l'assemblée des orgueilleux, dit le Sage, parce qu'ils regardent les fautes de leur prochain d'une maniere si malicieuse, qu'ils changent le bien en mal, & font paroître des taches en la personne des Elus : c'est pourquoi, dit-il encore, ne demeurez point avec les gens de cette

Eccles. ch. 3. & 11.

Proverb. ch. 23.

» façon ; car jamais ils ne cessent d'estre » envieux & trompeurs : & quoi qu'ils » vous pressent de manger avec eux, leur » affection n'est pas avec vous.

Le Prophete affligé, qui avoit appris à ses dépens les persecutions qu'il faut souffrir dans la Societé des hommes, qui ne sont pas ce qu'ils doivent estre, nous » en parle en ces termes : Allez par » tous les chemins de Jerusalem, regar- » dez, considerez, & demandez dans » toutes ses ruës, s'il s'en trouve un seul » qui fasse jugement, & qui aime la fi- » delité ; & le Seigneur lui sera propice, » parce qu'il garde la bonne foi, qui est » si rare dans les hommes, qu'ils ont re- » fusé les enseignemens de la celeste Doc- » trine, & ont endurci leur face comme » la pierre. Que veut dire ce *visage endurci* & insensible, sinon une cruelle dureté que nous avons les uns pour les autres ? Ils sont impenetrables à la compassion & à la douceur jusques à un tel point, qu'ils méprisent la Loi de Dieu, & refusent d'en recevoir les Preceptes, & d'en suivre les maximes.

Jeremie, ch. 5.

Il n'y a rien de plus rude, que de souffrir par les intrigues & par les sollicitations des personnes de sa Societé ; lesquelles, au lieu de ressentir les injures receuës les unes des autres, les aigrissent & les font naître tres-souvent : c'est ce que nous apprend le Roi Prophete, quand il dit : L'homme de ma societé qui mange avec moi, & dans lequel j'esperois, a conspiré pour m'aneantir, & pour me mettre sous ses pieds. Son fils Salomon nous enseigne à nous en donner garde, par des paroles que l'on ne sauroit trop considerer : *Faites toutes choses par conseil*, dit ce Roi pacifique, *& vous serez gouvernez par la Sagesse, qui vous empêchera de tomber dans les discordes qui se trouvent entre les orgueilleux.* Ps. 40. Prov. 13.

Les foux & les insensez me méprisoient, dit le saint homme Job ; & sitôt que j'étois separé d'eux, ils médisoient de moi, & me chargeoient de calomnies. Ch. 19.

Selon la sagesse des enfans du siecle, lors que les choses superieures sont avec des inferieures, celles qui sont les plus fortes, se servent des plus foibles comme bon leur semble, dit saint Bernard ; le puissant met le pied sur la gorge de celui qui est sans pouvoir ; le Savant se mocque de l'ignorant, le malicieux trompe celui qui est sans malice ; & celui qui est en credit, ne fait point état de ceux qui sont sans faveur & sans appui. La raison que ce Saint apporte de toutes ces injustices, c'est que Serm. 2. au jour de Noël.

le monde ne cherche que son interest, que chacun n'aime que soi-même ; & que du lieu de bannissement les hommes en font leur patrie, & ne pensent pas qu'ils sont étrangers & pelerins sur la terre.

Ces paroles nous font bien connoître, que ce n'est pas seulement de nôtre temps qu'il s'est trouvé de fâcheuses Societez : puisque ce saint Abbé, qui vivoit il y a plus de cinq cens ans, y remarque tant d'abus.

La seconde chose qui peut rendre une Societé onereuse, c'est lors que la malice de la persecution passe à celle du mauvais exemple. S. Chrysostome nous ap-» prend cette verité, lors qu'il dit, que » les Chrétiens sont divisez par l'orgueil, » par l'ambition, par la haine, & par » l'envie, qui sont des passions si cruel-» les, qu'elles n'épargnent personne, » mais, qui se font sentir aux Associez, » comme aux Etrangers. Toutes ces choses sont scandaleuses & de mauvais exemple dans une Societé.

Hom. 32. sur saint Math.

La foiblesse humaine est si grande, qu'elle suit plûtôt l'exemple du mal, que celui de la vertu. Le Seigneur, pour nous détourner de ce précipice, nous commande dans le Livre des Nombres, de nous separer de ces gens opiniâtres & ridi-

Ch. 16.

ridicules, de crainte de participer à leurs pechez, & de perir en leur compagnie; & il est dit dans un autre endroit de l'Ecriture, que les sacrifices des méchans sont des pains de douleur; & que ceux qui en mangent, seront immondes & corrompus.

Le grand Apôtre, écrivant à ceux de Corinthe, leur dit ces paroles, que les personnes libres devroient continuellement mediter: Prenez garde de ne vous « point associer avec les Infideles & au- « tres gens ennemis du Seigneur: parce « qu'il n'y peut avoir de liaison entre la « justice & l'iniquité, entre la lumiere « & les tenebres, entre JESUS-CHRIST « & Belial, entre le Temple de Dieu & « les Idoles des fausses Divinitez. « Epist. II. c. 6.

C'étoit une maxime si universelle entre les Peuples de Grece, que les mauvais exemples pouvoient facilement corrompre les bonnes mœurs, que dans la Republique de Lacedemone il y avoit une Loi indispensable, que les habitans ne devoient aucunement communiquer avec les Etrangers; à cause qu'ils avoient connu, par experience, que leur Societé avoit esté fatale à d'autres Nations, lesquelles quoique guerrieres & fort courageuses avant que d'avoir conversé avec leurs Voisins, en contracterent tellement les vices & la molleſſe, qu'ils dégenererent entierement de leur premiere valeur.

Nous apprenons de l'Hiſtoire Romaine, que les Citoïens de cette grande Ville étoient fort ſobres dans les commencemens, ſe contentant de peu, & mépriſant l'abondance & les richeſſes ſuperfluës : mais que depuis qu'ils eurent frequenté les autres Peuples, & qu'ils furent enrichis des dépoüilles d'un grand nombre de Roïaumes & de Provinces, alors ils goûterent les plaiſirs des Nations étrangeres ; le luxe, l'avarice, & la délicateſſe s'introduiſirent parmi eux avec plus d'excés qu'en pas-un autre endroit de la Terre : leur conduite alla juſques à un ſi grand déréglement, qu'ils mettoient en uſage l'uſure, les concuſſions, & toutes ſortes de violences pour ſe rendre riches, afin de pouvoir fournir à leurs folles dépenſes.

Les Neutraliſtes, avant que de faire une Societé, doivent ſe ſouvenir de ce que dit S. Auguſtin, parlant des pechez qu'il avoit commis en ſa jeuneſſe, avec ſes compagnons de débauche ; que s'il avoit eſté ſeul, il auroit eſté homme de bien, n'aïant peché que pour ſe conformer aux autres ; & quand il raconte le deſſein qu'il avoit pris avec neuf de ſes

Confeſſ. l. 4. c. 9. l. 6. c. 14.

plus Intimes, de mener une vie tranquille, adonnée à l'étude & à la contemplation ; il assure que leur projet fut bien-tôt dissipé, à cause que quelques-uns étant mariez, & les autres étant sur le point de le faire, il étoit impossible d'entretenir la societé des Livres, & celle des personnes du sexe ; ces deux choses étant opposées l'une à l'autre.

La troisiéme chose qui peut rendre la Societé extrêmement fâcheuse, c'est l'aversion que les personnes associées peuvent avoir les unes pour les autres : c'est un mal incomparable ; & un Auteur de ce temps dit à ce sujet, que de tous les maux de l'homme, il n'y en a point de plus fâcheux que l'homme même, dautant que c'est lui qui fait les guerres, les meurtres, les poisons, & mille autres malheurs, que l'on voit sur la terre, comme étant les effets de la haine qu'ils se portent les uns aux autres : car pour estre cachée dans le cœur, elle ne laisse pas de se faire connoître par plusieurs moïens differens & pénibles.

Les prétextes de vertu, & les apparences de justice sont tres-dangereux ; & un Ancien a eu raison de dire, qu'un homme-de-bien est un pesant fardeau : cela veut dire, qu'il n'y a point de persecution plus cruelle que celle qui vient de ces Societez, où l'on se pique de vertu, & où il semble que la pieté a pris de tres-fortes racines. Grande réflexion à faire pour les personnes libres.

Saint Jerôme savoit par experience, combien la haine de ceux qui se couvrent des apparences de la douceur, est à craindre; & il exprime ses sentimens par des paroles dignes de remarque : *Je suis, à ce que l'on dit, ce scelerat, cet hypocrite, cet infame, ce menteur qui emploïe la magie pour tromper; j'en ai vû qui me baisoient les mains par civilité, pendant qu'ils me ravissoient l'honneur avec une langue de vipere : ils me témoignoient par leurs paroles de la douleur pour mes afflictions, & ils s'en réjoüissoient dans le fond de leur ame. Le Seigneur voïoit leur malice, & il se mocquoit d'eux, parce qu'il les reservoit aussi-bien que moi, qui suis son tres-inutile serviteur, pour le jour de son terrible Jugement : l'un blâmoit ma maniere de marcher, l'autre ma maniere de rire; celui-ci parloit mal de l'austerité de mon visage; celui-là avoit du soupçon de ma simplicité.* Qui pourroit jamais douter, que ce ne soit une grande peine de vivre avec des personnes comme celles-là?

Tome I. Epis. 45.

Ce que la roüille est au fer, l'aversion & la haine le sont à la Societé; car de même que le fer s'enroüille, ou à cause qu'il n'est pas pur, ou parce qu'il est proche de la terre, ou quand il a touché du sang; nous pouvons dire la même chose de la haine, qui se trouve dans les Societez & dans les Assemblées, qu'elle est comme une roüille pernicieuse, qui ne sauroit venir que de trois principes; du manquement de charité, de l'attachement que l'on a pour les choses de la terrre, ou de l'amour excessif que l'on se porte à soi-même. Toutes ces choses sont incomparablement plus dangereuses à la Societé humaine, que la roüille ne l'est au fer.

Les personnes qui vivent dans le Celibat, connoîtront parfaitement les mesures qu'elles doivent prendre pour faire une Societé, si elles considerent ce que dit un Prophete: Le Saint est ôté de la « terre; car il n'y a point de droiture « entre les hommes, qui cherchent tou- « jours la vie & l'honneur de leurs fre- « res, & disent que le mal est un bien: « C'est pourquoi gardez-vous de croire « facilement ceux qui vous sont associez; « n'aïez point de confiance en ceux qui « vous maîtrisent, & mettez une clôtu- « re à vôtre bouche pour ne point té- « moigner vos sentimens. «

Le Sage leur apprend encore combien elles doivent estre délicates au sujet de la Prov. c. 22. & 25.

Societé, lors qu'il leur dit ces paroles :
» Retirez-vous de la maison de vôtre
» prochain, de peur qu'avec le temps,
» lassé de vous, il ne vous prenne en a-
» version ; & sur-tout évitez la compa-
» gnie de celui qui est prompt à se met-
» tre en colere, & ne marchez jamais
» avec l'emporté & le furieux, de crain-
» te que vous n'appreniez ses manieres
» d'agir, & que la ruïne de vôtre ame
» n'arrive.

Il est vrai que la Societé a de tres-grands avantages, comme on l'a pû voir dans le Chapitre précedent ; mais aussi lorsqu'elle dégenere, elle cause beaucoup de mal. Nous voïons tous les jours une infinité de personnes, lesquelles n'aïant jamais eu de part à la prosperité & aux honneurs de leurs Associez, sont miserablement ensevelis dans leurs persecutions & dans leurs infortunes. Ils perissent avec eux en leurs disgraces, sans avoir esté compagnons de leur bonheur ; & ils sont participans de leur infamie, sans l'avoir jamais esté de leur estime & de leur gloire.

Aprés tant de raisons, qui nous découvrent les écueils & les dangers que l'on experimente dans la Societé ; l'on ne sauroit nier que les personnes libres ne possedent beaucoup d'avantages de n'être point engagées dans celles que l'on ne sauroit jamais quitter ; & c'est encore un autre bonheur de pouvoir choisir quelques personnes sages, prudentes & affectionnées, dont la conversation leur fera goûter les douceurs de la Societé, & le plaisir de l'amitié.

Le Sauveur du monde nous a donné l'exemple de la retenuë qu'il faut avoir dans la recherche d'une Societé, lorsqu'étant à Jerusalem, où plusieurs crûrent en lui, à cause des miracles qu'il faisoit, le Disciple bien-aimé nous apprend, qu'il se méfioit beaucoup d'eux, parce qu'il les connoissoit parfaitement. Il nous faut avoir une grande précaution dans la recherche des personnes, avec lesquelles il nous faut converser : car si JESUS-CHRIST s'est méfié des Juifs, qu'il connoissoit, il nous faut méfier de nos Citoïens que nous ne connoissons pas. S. Jean, ch. 2.

CHAPITRE XX.

Support du Prochain sans contrainte.

LA Nature raisonnable est si corrompuë, qu'il y a tres-peu d'amour entre les hommes ; & quand il s'agit de supporter leur prochain, ils n'ont point *Douziéme privé* d'autre loi, que celle qui étoit en usage parmi les Païens, qui se glorifioient d'avoir pour maxime d'aimer ceux qui les aimoient, & de faire seulement du bien à ceux, desquels ils en avoient reçû.

Quoique le monde contienne tant de diverses Nations, qui sont differentes en mœurs, distinguées par la diversité des langues, d'armes & de vêtemens ; neanmoins, dit saint Augustin, il n'y a que deux sortes de compagnies humaines, que l'on doit regarder comme deux Citez ; dans l'une habitent les hommes qui veulent vivre selon la chair ; & dans l'autre, ceux qui veulent suivre la loi de l'esprit : Tant aux uns qu'aux autres nous devons le support, toutefois avec difference, & avec des circonstances qui meritent d'estre examinées.

Cité, liv. 14. c. 1.

Les personnes qui vivent dans le Celibat, doivent considerer toutes les autres sous trois titres differens ; comme amies, comme ennemies, ou comme indifferentes. Dans ces termes l'on y comprend les Parens & les Etrangers ; les Domestiques & les Citoïens ; car toutes ces sortes de personnes ou nous aiment & nous font du bien, ou nous haïssent & nous procurent du mal ; ou enfin elles nous traittent d'une maniere si indifferente, que nous n'avons pas ſujet de nous reſſentir, ni de nous loüer de leur conduite.

Les perſonnes libres paſſeroient pour déraiſonnables, ſi elles ne mettoient une grande difference en la maniere qu'il faut traiter avec ces trois ſortes de gens. Si nous conſiderons les choſes humainement, il faut de la douceur & de la tendreſſe à l'égard des premieres perſonnes, qui nous ſont amies. Nous avons de l'averſion & du dégoût pour celles qui nous ſont ennemies; & pour les indifferentes, nous n'avons que de la froideur. Mais ſi nous faiſons reflexion, que non ſeulement nous ſommes tous de même nature, mais encore que nous ſommes Chrétiens, regenerez par le Baptême, & faits participans des merites de JESUS-CHRIST; nous relevons beaucoup les motifs du ſupport, que nous devons avoir pour nôtre prochain.

Il faut trois choſes pour s'acquitter de ce grand devoir : par la premiere, on eſtime & on publie les vertus & les bonnes qualitez du prochain : par la ſeconde, on excuſe ſes défauts & ſes imperfections; & par la troiſiéme, on a compaſſion de ſes diſgraces & de ſes infortunes.

On ne ſauroit avoir de l'humanité &

du Christianisme, que l'on n'estime ceux qui le meritent, à cause qu'ils sont sages & prudens; que l'on n'excuse ceux qui pechent, parce qu'ils sont fragiles, & que nous pouvons tomber comme eux; & que l'on ne porte compassion aux miseres de ceux qui souffrent, dautant que nous pouvons experimenter de pareilles infortunes. De plus, c'est une dureté insupportable de n'estre point touché des peines, que nous voïons endurer aux autres; & c'est une cruauté encore plus grande de s'en réjoüir.

Les hommes sont extrêmement sensibles à l'estime de leur capacité, & à la loüange de leur merite: rien aussi ne leur est plus fâcheux, que la declaration de leurs défauts. Ce n'est pas seulement par l'experience, que nous sommes convaincus de cette verité: mais encore par les paroles de l'Ecriture, puisqu'elle nous apprend, que si la trompette & le psalterion font une agreable mélodie, la langue gracieuse & obligeante surpasse tous les deux.

Ecclesi. c. 40. v. 21.

Il est certain que l'on ne sauroit procurer aux hommes de plus grands plaisirs, que de parler en bons termes de leur esprit, de leur capacité, de leur vertu, & de leur bonne conduite. Quoiqu'en cela ils fassent connoître qu'ils sont hommes, c'est-à-dire foibles ; neanmoins par le support qu'ils ont les uns pour les autres, ils font connoître qu'ils ont de la force en leur foiblesse, & qu'ils sont genereux, en rendant justice à leur prochain, quand il merite de l'estime & du respect.

Il s'en trouve au contraire, qui ne sauroient supporter l'honneur que l'on rend aux autres, comme si les bonnes qualitez d'autrui étoient un reproche de leurs défauts. C'est ici la marque d'une ame envieuse & superbe ; & par une consequence opposée, l'on peut dire qu'une estime judicieuse, & une loüange moderée que l'on donne au prochain, est celle d'un esprit sage & bien tourné, qui est ennemi de l'orgueil & de l'ambition.

Plutarque nous assure, que l'honneur que l'on fait aux autres, particulierement s'ils sont ennemis, est un grand avantage à ceux qui le rendent, parce que ceux qui loüent volontiers les autres, ne les offensent pas facilement, & ne les blâment qu'à regret ; c'est pourquoi, dit encore ce Philosophe, il faut faire la cour aux Grands, honorer ses égaux, & avancer les petits ; & sur-tout, se bien donner de garde de porter envie aux uns, de disputer avec les autres, & de traiter

Tom. I. Tr. 7. ch. 31.

avec mépris ceux, qui ſont moindres que nous.

Belle leçon pour les perſonnes libres, qui doivent eſtre ſans ſuperbe & ſans envie, & qui ſe doivent diſtinguer par le ſupport du prochain, & par l'émulation qui fait remarquer, loüer & eſtimer les bonnes qualitez qui ſont dans les autres.

Solon, Legiſlateur des Atheniens, interrogé quelle Cité du monde étoit la mieux policée, répondit que c'étoit celle, où ceux qui n'étoient point offenſez, pourſuivoient avec autant de chaleur la réparation de l'injure d'autrui, que la leur propre: Il vouloit inſpirer à ſes peuples le ſupport des uns envers les autres, & que chacun prît la défenſe de celui, qui auroit eſté injurié mal-à-propos, & auquel on auroit fait du tort.

Heureuſes les Neutraliſtes, qui pourront dire avec le ſaint Homme Job: *Nous n'avons offenſé perſonne, mais nous avons toujours vécu équitablement avec tout le monde.*

Quoique la juſtice que l'on ſe doit les uns aux autres, renferme une infinité de parties, neanmoins le ſouverain Maître les a toutes compriſes dans la Loi, qui nous ordonne de ſupporter le prochain, & de rendre à chacun ce qui lui appartient. Or comme on ne sauroit soutenir, que retenir ou usurper le bien d'autrui, ce ne soit pas lui faire une injustice; on sauroit aussi dire, que cacher, déguiser, & taire les bonnes qualitez, les vertus & le merite de ceux que nous haïssons, ou qui nous sont indifferens, ne soit leur ravir les plus avantageux de tous les biens: car comme nous n'avons pas le pouvoir de les en priver personnellement, cette puissance n'appartenant qu'à Dieu seul; nous ne laissons pas de ruïner autant que nous pouvons, ce qu'ils ont de singulier & de recommandable, par le refus que nous faisons de leur donner nôtre estime: ce qui empêche les autres d'en avoir bonne opinion.

Si c'est une injustice de ne pouvoir souffrir la renommée de son prochain; c'est une espece de cruauté de n'en pouvoir supporter les défauts, ni excuser les foiblesses; puisque les vertus étant plus rares que les vices, & les bonnes œuvres moins communes que les pechez; nous avons beaucoup plus de sujet de pratiquer la patience, que d'avoir de l'admiration; & plus de choses, qui demandent le secret, que d'exemples, qui meritent qu'on les publie à la face de tout le monde.

Soïez charitables entre vous, dit l'Apô-

1. Epist. c. 4. v. 8. tre saint Pierre, *parce que la charité couvre une multitude de pechez*. Il ne faut pas s'étonner si ce grand Apôtre nous dit, qu'il faut supporter nôtre prochain, puisqu'il en avoit appris les preceptes en l'école du Sauveur, auquel aïant demandé combien de fois il faloit pardonner à ceux qui seroient tombez dans le peché, & si le nombre de sept n'étoit pas suffisant pour remplir les devoirs d'une parfaite charité? Il lui fit réponse, qu'il faloit pardonner jusques à sept fois septante, pour nous faire voir l'immensité de sa misericorde. S. Jean Chrysostome, ravi de ces paroles, a eu raison de dire, que les hommes pardonnoient en hommes; mais que Dieu fait misericorde en Dieu. Il y a une aussi grande difference entre la compassion de Dieu, & celle des hommes, qu'il s'en trouve entre la malice & la bonté, deux choses extrêmement éloignées l'une de l'autre.

S. Matthieu, c. v. 18.

Serm. 15. & 30. sur saint Matth.

Que les personnes libres apprennent à supporter les défauts de leur prochain, non seulement par les paroles de Jesus-Christ, mais encore par ses exemples. La condamnation qu'il fit du Pharisien superbe, qui méprisoit en son cœur le Publicain, qui n'osoit lever les yeux au Ciel, leur fait bien connoître qu'il n'y a rien de plus recommandable dans le

Christianisme, que l'excuse & le support du prochain. Ce qu'il dit à un autre Pharisien, qui blâmoit dans son ame une Pecheresse repentante, confirme cette verité; & la severe punition qu'il fit de ce Fermier injuste & rigoureux, fait bien voir, qu'il n'y a rien de si precieux devant Dieu, que la misericorde que nous devons à nos semblables.

Saint Paul, qui avoit appris la Science du Christianisme dans l'Ecole de l'Eternité, nous fait connoître, qu'il n'y a point de prétexte qui nous puisse exemter de ce charitable support, que nous devons avoir les uns pour les autres. *Mes freres, endurez volontiers les foux, encore que vous soïez sages*, dit-il aux Corinthiens: Et à ceux d'Ephese, *Que toute amertume, querelle, médisance, & malice soient ôtées d'entre vous; mais soïez misericordieux les uns envers les autres, & vous pardonnez vos fautes, comme le Seigneur vous les pardonne.* 2. Ch. 11. v. 19 ch. 4. v. 31.

S. Gregoire Pape, nous exhorte par ces pressantes paroles: Si vous estes du « nombre des bons, supportez patiemment les mauvais durant le cours de « cette vie; car celui qui ne supporte pas « les méchans, montre assez par son impatience qu'il n'est pas bon; & celui- « là renonce à l'innocence d'Abel, qui « Serm 38.

» ne veut pas estre exercé par la malice
» de Caïn.

Un Solitaire en voïant un autre, qui ensevelissoit les morts, lui dit sagement,
» qu'il faisoit une bonne œuvre ; mais
» qu'il feroit encore mieux de supporter
» les vivans.

Que les personnes qui vivent dans le Celibat, disent à Dieu avec le Roi Prophete: *Mettez, Seigneur, des gardes à nos bouches, & des serrures à nos lévres; & ne permettez pas que nos cœurs déclinent en paroles de malice, pour trouver des excuses au peché.* Ce passage nous apprend, que s'il ne faut jamais mentir pour s'excuser soi-même & les autres: il faut neanmoins garder un profond silence sur toutes les choses, qui sont desavantageuses au prochain. Dans le même Pseaume il dit encore: *Que le Juste me reprenne en sa misericorde; mais que l'huile du pecheur n'engraisse point ma teste.* Ces paroles nous font voir, que le support qu'il faut avoir les uns pour les autres, ne doit pas estre foible & flateur, mais fort, genereux, & sincere.

Ps. 140. v. 3. & 6.

Ecclesi. ch. 8. v. 6.

» Ne méprisez point l'homme, qui se
» détourne de son peché, dit le Sage,
» & ne lui reprochez rien de sa mau-
» vaise vie ; car tous les hommes sont
» dans la corruption, & nul n'est exemt

de chûte : c'est pourquoi que les paro- «
les des médisans ne fassent point d'im- «
pression sur l'esprit des simples : Sept «
malices sont en leur voïe, & leur lan- «
gue est un piége à l'innocence des gens «
de bien. C'est en ces occasions, que les «
personnes libres doivent reprimer l'insolence des médisans, & faire connoître, que leur langue garde les regles de la sagesse, & que l'austerité de leur visage dissipe la médisance, comme le vent de bise chasse la pluïe.

CHAPITRE XXI.

Suite du même sujet.

CE n'est pas assez pour se rendre parfait dans le support du Prochain, d'en estimer les bonnes qualitez, & d'en excuser les défauts ; on doit encore compatir à ses afflictions. Dire du bien de nôtre prochain, c'est une justice qu'on lui rend ; en supporter les foiblesses, c'est accomplir le precepte que le Seigneur nous en a fait ; mais avoir le cœur rempli de compassion à l'égard de ceux qui souffrent, c'est une surabondance de douleur, qui nous fait sentir de la peine, en voïant celle que les autres endurent.

La charité qui est assez puissante pour rendre les biens communs, ne l'est pas moins pour en faire autant des maux; C'est ce qui fait dire à Saint Bernard, » que celui qui compatit à ceux qui sont » dans les souffrances, & qui se réjoüit » avec ceux qui sont dans la prosperité, » est un homme de paix & de misericorde, qui s'acquitte parfaitement de l'obligation d'aimer son prochain.

De combien de regrets sont menacées les personnes genereuses, qui sont déchûës de leur premiere dignité, lorsqu'elles se voïent maltraitées par celles qui leur sont inferieures en toutes choses? Le saint Homme Job a fait cette rude épreuve dans le temps de ses calamitez; ce qui l'obligeoit de dire: *Mes Esclaves, & ceux ausquels je n'avois pas fait garder mes troupeaux, m'ont fait des insultes, & ne me regardoient que pour m'injurier, & pour me faire des outrages.* C'est une chose indigne des ames Chrétiens de manquer de douceur & de compassion envers les affligez; & c'est encore une chose plus indigne de ces esprits, qui ne se doivent conduire que par raison, s'ils viennent à mépriser ceux qui sont dans l'oppression & dans l'infortune.

Ce n'est pas seulement aux personnes qui sont amies, & à celles qui son indifferentes, ausquelles l'on doit le support ; il faut encore que les personnes libres supportent leurs ennemis, & qu'elles surmontent la répugnance, que la Nature & la raison trouvent à dire du bien de ceux de qui l'on reçoit du mal, à couvrir leurs défauts, & à ressentir leurs peines.

Ceux qui nous font du déplaisir, soit par mépris, soit par calomnie, soit par contrarieté, ou autrement, excitent nos ressentimens & nôtre aversion : cependant JESUS-CHRIST, le Maître de la Doctrine Evangelique, nous enseigne que si l'on ne pardonne, on n'obtiendra jamais misericorde : Si vous remettez « les offenses qu'on vous a faites, vôtre « Pere celeste vous remettra vos pechez : « mais si vous ne les pardonnez point « aux autres, les vôtres ne vous seront « point pardonnez. «

L'Apôtre S. Jacques prononce la condamnation des vindicatifs, lors qu'il dit, *Que jugement sans misericorde sera rendu contre celui, qui n'a point fait misericorde.* Le Sage nous dit encore quelque chose de plus pressant, puisque non seulement

il nous exhorte à pardonner les injures ; mais il veut encore que nous fassions du bien à ceux, desquels nous les avons re-
Ch. 2. » çûës. Si ton ennemi a faim, donne-» lui à manger ; & s'il a soif, donne-lui » à boire, dit-il ; & par ce moïen tu » assembleras des charbons ardens sur sa » tête, pour consumer la froideur & la » malice qu'il a contre toi ; Et tu lui fourniras, dit S. Gregoire, des motifs d'amour en ton endroit.

Que les personnes libres apprennent de Seneque, en combien de manieres elles peuvent avoir des ennemis, & en combien de manieres aussi il les faut suppor-
Livre 3. de la Colere, c. 8. » ter. Un orgueilleux t'offensera en te » méprisant, dit ce Philosophe ; le riche » te fera outrage par son arrogance, » l'effronté par ses injures, l'envieux par » sa malice, le querelleur par sa conten-» tion, le grand parleur par sa vanité ; » Et tu ne pourras souffrir qu'un soup-» çonneux pense mal de toi ; qu'un opi-» niâtre te surmonte ; qu'un délicat te » méprise, & qu'on te persecute en mille » autres façons : Toutes ces personnes te » seront autant d'ennemis, si tu n'y prens » garde, & si tu ne fortifies ton esprit » contre leurs insultes & contre leurs » attaques : Prens la raison pour guide, » & par le bon sens & par la modera-

tion tu seras victorieux de tes persecu- «
teurs. «

La plus belle maniere de se venger, dit un Savant, c'est de pardonner : La vengeance n'appartient qu'aux hommes cruels, & n'a qu'un plaisir passager ; mais la misericorde en a un, qui ne finira jamais. Celui qui veut estre vengé, doit s'attendre que Dieu se vengera de lui. Ne prevenez donc pas sa Justice, mais attendez le terme préfix par sa Providence, & apprenez que de toutes les injures, il n'y en a point de mieux vengées, que celles que l'on pardonne pour l'amour de Dieu. Petrarque.

La temerité des heureux, la puissance des grands, la force des riches, l'audace des malicieux, & l'impudence des insolens, donnent souvent des sujets de souffrance aux personnes qui sont sans appui, comme celles qui passent leur vie dans le Celibat volontaire. Et avec tous ces ennemis la vengeance leur est défenduë, si ce n'est de la maniere que Plutarque leur enseigne : Si tu veux faire un grand dé- «
plaisir à celui qui te veut du mal, ne «
t'emportes pas d'injures & d'action con- «
tre lui, dit ce Philosophe ; s'il t'appelle «
ignorant, lâche, infâme & voluptueux, «
animes l'ardeur de ton courage pour «
devenir savant, chaste, genereux, ve- «

» ritable, juste & équitable envers tout » le monde. Cette conduite paroît si grande à ce sage Profane, qu'il dit avec admiration, que le pardon des injures tient non seulement de la gravité de Socrate, & de la magnanimité d'Hercule, mais encore de la force & de la misericorde des Dieux.

Tome I. Trait. 19.

On ne manquera pas de demander ici en quoi consistent les avantages du Celibat volontaire à l'égard du support que l'on doit à son prochain, soit amis, soit indifferens, soit ennemis ; puisque tous les Chrétiens y sont obligez, & qu'ils participent aux merites que l'on peut acquerir en quelque état & condition qu'ils soient ? Sur quoi il faut répondre, que le support que pratiquent les personnes libres, est sans contrainte & sans engagement ; & c'est en quoi on peut remarquer l'avantage qu'elles possedent, ou pour mieux dire, le privilege de leur vocation.

Les personnes qui sont dans les engagemens du Mariage, sont obligées, qu'elles le veüillent ou non, de souffrir les défauts, & d'excuser les imperfections de ceux qu'elles ont épousez. La même chose se peut dire des personnes Religieuses, lesquelles, aïant embrassé une Societé, sont obligez necessairement de supporter toutes celles qui la composent, & d'en souffrir toutes les foiblesses.

Il n'y a rien de si agreable, qui ne devienne fâcheux avec le tems, & surtout lors que les choses sont sans relâche & sans remede: C'est une charge insuportable à un homme, quoique vertueux, d'estre contraint d'aimer quelqu'un à contre cœur & malgré lui, dit Seneque: c'est pourquoi il nous peut arriver beaucoup de bien de ne point converser avec ceux qui sont d'une humeur contraire à la nôtre, & qui desirent des choses opposées à nos inclinations; car il n'y a pas grand profit d'avoir surmonté ses vices, s'il faut combattre ceux d'autrui. *Ep. 18. & 32.*

CHAPITRE XXII.

L'Amitié est necessaire dans le Celibat.

APrés avoir emploïé cette seconde Partie à parler de douze Privileges ou avantages que l'on possede plus facilement dans une vie dégagée, que dans les autres vocations; je ne saurois la conclure plus à propos, qu'en parlant de l'Amitié, qui est si necessaire aux personnes qui n'ont pas la protection d'une Communauté, ni celle d'un mari.

Ce n'est pas à dire, que cette qualité qui paroît si engageante, doive servir de lien aux Neutralistes, qui ne le seroient pas veritablement, si elles n'étoient aussi libres de l'engagement du cœur, que de la societé du corps; neanmoins il semble que proposer une Amitié sans attachement, c'est vouloir separer la matiere de sa forme, l'effet de sa cause, & l'attribut de son sujet; l'amitié n'étant autre chose qu'une affection reciproque qui se trouve entre deux personnes; cela suppose deux cœurs qui s'entre-aiment cordialement.

Quoique des personnes libres veuillent aimer sans s'attacher, elles ne prétendent pas que leur amitié en soit moins douce, moins forte, & moins veritable.

Ceux qui voudroient persuader qu'il faut vivre sans aimer, feroient une entreprise ridicule, & entierement contraire aux sentimens de la Nature, laquelle a imprimé dans le cœur de l'homme, une vertu tendre, qui le rend si doux, si affable & si humain, qu'il se passe avec peine de la compagnie de son semblable, & qu'il s'estime tres-heureux quand il aime, & qu'il est aimé.

Ceux qui cherchent le nombre des amis, ne le sont de personne, dit Aristote ; si ce n'est par quelque espece de civilité, comme sont les Complaisans & les Officieux. L'amitié ne se peut étendre à plusieurs personnes, parce qu'il est tres-difficile de participer aux plaisirs & aux disgraces de tant de monde, de se réjoüir avec l'un, & de s'affliger avec l'autre. *Morale, liv. 9. ch. 10.*

Il n'est pas ici question d'une charité Chrétienne, qui s'étende à nôtre prochain, auquel nous devons le support en ses afflictions, l'excuse à ses défauts, la loüange à sa vertu, & le pardon des injures qu'il nous a faites ; mais il s'agit d'une amitié singuliere, qui ne peut estre qu'entre tres-peu de personnes : c'est pourquoi les Neutralistes ne doivent rien aimer, qu'aprés beaucoup de consideration, & en tres-petit nombre. Cette reserve est necessaire à la gravité de leur état, à laquelle une amitié partagée est fort opposée. La raison veût que l'on fasse un discernement accompagné de prudence ; car c'est une grande inégalité, dit un Moderne, de traiter tout le monde également.

Comme j'ai parlé de l'Amitié au troisiéme Tome des fidelles Amantes de JESUS-CHRIST, pour remarquer ses differences avec l'amour, je passerai sous silence beaucoup de choses que je pourrois dire en cet endroi, de crainte d'user de redites; je ferai seulement voir, que l'amitié n'est point veritable, si elle n'est accompagnée de sincerité, de fidelité, & de fermeté. Ces trois choses venant à manquer, il n'y a point d'amis, ni d'amitié, mais une veritable tromperie, & de veritables trompeurs.

Une amitié ne sauroit estre sincere, si elle ne comprend ce qui est honnête, agreable, & utile aux personnes que l'on veut aimer. Elle n'a rien tant à cœur, que l'estime & la reputation de ce qu'elle cherit; elle est toujours charmée par la presence de ses amis, & en tout tems elle y trouve de la douceur & du plaisir: l'utilité ne manque jamais, quand l'amitié est sincere, puisqu'elle rend tous les biens communs, & qu'elle ne peut souffrir que l'objet aimé soit dans l'indigence.

Pour bien comprendre l'honneur, le plaisir, & l'utilité d'une amitié sincere, il faut considerer que de toutes les choses capables d'adoucir les peines & les ennuis d'un esprit affligé, il n'y en a point de plus souveraine, que la compagnie des amis. C'est-là que l'on peut se rendre de bons offices, s'entretenir de toutes choſes ſans crainte, ſe contrarier quelquefois ſans animoſité, & par une legere diſpute donner goût à un mutuel accord de ſentiment. On y peut apprendre ſoi-même, & enſeigner les autres par une reciproque converſation; toutes ces choſes rendent les ames ſi unies, que de pluſieurs elles n'en font qu'une; & c'eſt ce que nous appellons *ſincere amitié.*

Puiſque ſans l'amitié il n'y a point de joïe dans la Societé, que les richeſſes ſont faſtidieuſes, & les plaiſirs inſipides; il eſt facile de conclure, que les perſonnes qui vivent dans le Celibat, pourront difficilement ſoutenir cette vocation ſans le ſecours de l'amitié: mais la difficulté eſt encore plus grande de la trouver ſincere & veritable, à cauſe qu'elles n'ont point de ces Societez communes, & de ces alliances intereſſées, qui paſſent dans le monde pour eſtre les liens de l'amitié.

Pour n'eſtre pas trompé dans cet agreable commerce, il faut ſavoir diſcerner les apparences d'avec la realité, & l'amitié d'avec la flaterie. Nous recevons l'une & l'autre dans nos cœurs avec beaucoup de facilité; & neanmoins nous en ſommes traitez fort indifferemment, parce que la flaterie n'a que des paroles douces & tendres, pendant que l'amitié reprend & corrige la personne aimée, pour la porter à son devoir, & empêcher qu'elle ne tombe dans le desordre & dans la confusion.

Les ames genereuses, pour rendre leur amitié sincere, évitent la dissimulation, la flaterie, & la rusticité : Ces trois choses sont si opposées à la droiture d'un cœur qui aime & qui veut estre aimé, qu'elles détruisent entierement tout ce qu'il y a de doux, & d'agreable dans la vie : La dissimulation trompe, la flaterie seduit, & la rusticité rebute. Que les personnes libres examinent donc sagement toutes celles qu'elles voudront aimer, afin de n'estre pas trompées par ces manieres d'agir, & qu'elles fassent en sorte de n'y pas tomber, de crainte de tromper les autres.

Le second caractere d'une veritable amitié est la fidelité ; car ce n'est pas assez d'avoir de la douceur & de la sincerité pour ses amis, quand ils sont presens, si en leur absence on ne leur garde un souvenir continuel, & un secret inviolable. La fidelité de l'amitié demande beaucoup de force, parce que c'est dans l'éloignement & dans la souffrance qu'elle se fait connoître : Les amis sont en grand nombre auprés de ceux dont la fortune est florissante, dit Seneque, au lieu qu'il n'y a qu'un desert vuide & affreux pour ceux qu'elle a abandonnez entierement.

Si les amis de Job furent sept jours sans pouvoir manger, ni dormir, ni proferer aucune parole, leur voix étant étouffée par les soupirs & par l'excés de leur douleur ; qui pourroit jamais estimer des personnes capables d'amitié, qui demeurent insensibles, lors qu'elles savent leurs amis dans la persecution ? La voix du cœur est trop puissante pour demeurer muette, en voïant souffrir ce qu'il aime avec tendresse.

Le commerce des esprits est le plus haut point où l'amitié se trouve avec liberté ; elle ne se perd jamais à cause de l'absence, ainsi que nous l'apprenons de plusieurs grands Personnages, entre autres de S. Jerôme ; la plûpart de ses Epîtres portent les marques de sa fidelité pour ses amis. La severité d'esprit & de mœurs de ce puissant Genie n'a point servi d'obstacle à sa douceur en matiere d'amitié : Nous étions fort consolez pendant nôtre absence, dit-il, parlant d'une Dame de qualité, * parce qu'en nous écrivant, la presence de l'esprit prenoit la place de celle du corps : Nous étions dans une sainte contestation, à qui se previendroit par Lettres ; & nous approchant par ce commerce d'écriture,

* Sainte Marcelle.

» nous ne ſentions pas nôtre éloigne-
» ment.

Ecrivant à un de ſes amis, il lui dit ces mots, dignes d'eſtre remarquez : Mes deſirs ſeroient pleinement ſatisfaits, ſi le commerce des Lettres nous pouvoit former l'idée de nôtre preſence ; & ſi nôtre Seigneur m'accordoit maintenant la grace d'eſtre tranſporté, en un moment, auprés de vous, comme Philippe Diacre le fut auprés de l'Eunuque, & Habacuch auprés de Daniel, que je vous embraſſerois étroitement & de bon cœur ! car un Pilotte battu de la tempête ne deſire point le port avec tant de paſſion ; ni les campagnes alterées ne reçoivent point la pluïe avec plus de douceur ; ni une mere affligée, aſſiſe ſur le rivage de la mer, n'attend pas ſon fils avec plus d'impatience, que j'ai de deſir pour vôtre arrivée.

La fidelité des amis doit éclater en leur abſence en leur procurant du bien autant qu'on le peut, en les défendant contre ceux qui les offenſent par des paroles indiſcrettes, & en recherchant les occaſions de les mettre en eſtime auprés de tout le monde. Ciceron nous apprend cette verité, lors qu'il dit à un de ſes plus intimes, ces belles paroles : De-
» puis que l'amitié eſt confirmée, & la

bonne foi reconnuë, c'est mal à pro- «
pos que l'on doute d'une fidelité qui «
ne doit jamais manquer; c'est pour- «
quoi je veux que tu attendes de moi «
toutes choses, & que tu sois assuré «
que je surmonterai tes desirs par tous les «
services que je pourrai. Ce grand Hom- «
me a tant cheri l'amitié, qu'il en a dit des merveilles; & l'on peut connoître la trempe de son cœur par ce qu'il dit à un de ses amis: Il faut avoüer que ceux qui aiment, sont souvent lunatiques; car j'étois fort satisfait d'apprendre que tu ressentois quelque plaisir de ce que je t'avois recommandé à Cesar; & maintenant je suis triste de savoir, que rien ne te plaît en mon absence.

L. 3. Epi. 5. & 10.

Aprés les paroles de ce grand Homme, l'on ne sauroit trouver de plus justes maximes pour regler la fidelité & le secret de l'amitié, que celles d'Aristote, qui dit à ce sujet, que l'ami ne doit point avoir d'action en Justice contre son ami, mais qu'il doit s'arrêter à sa bonne-foi, comme l'unique assurance de la fidelité de ses promesses, & de sa prudence à bien garder le secret.

Morale, l. 8. ch. 13.

Quelque sincere & veritable que soit l'amitié, elle ne sera jamais parfaite, si elle n'est constante, la stabilité des choses étant absolument necessaire pour les rendre considerables dans le monde. C'est par cette raison que nous ne faisons point d'état des fleurs passageres, qui s'épanouissent au matin, se flétrissent à midi, & tombent le soir; au contraire, nous faisons beaucoup de cas de tout ce qui est durable & permanent. Aussi nous voïons que tout ce qui est de plus grand & de plus riche porte les marques de la fermeté; c'est ce qui fait dire au Roi Prophete, que *le Seigneur a rendu la Terre immobile, & que les Cieux sont stables & permanens.*

Si nous faisons reflexion sur ce que dit S. Thomas, que l'amitié est une habitude acquise & formée dans son propre sujet; nous connoîtrons facilement qu'elle n'est point changeante, si elle est sincere & fidelle. L'amour & la dilection sont des actes, dit ce saint Docteur, qui finissent avec les pensées & avec les actions, pendant que l'amitié demeure ferme dans le sujet qui la produit: Elle n'est pas aveugle & volage comme l'amour; car elle ne se forme que par la connoissance, qui lui découvre le merite de l'objet qu'elle se propose: Ensuite elle s'y attache d'affection, & pratique, à son égard, tous les actes de bienveillance, qui peuvent la fortifier & la rendre si ferme, que rien ne la puisse ébranler.

1. 2. q. 26. art. 3.

En

En ceci on ne doit pas suivre la doctrine de Seneque, qui veut que le Sage ne s'afflige point pour la perte de ses amis, & qu'il lui soit aussi facile d'en faire de nouveaux qu'à *Phidias*, Sculpteur, de faire des statuës de marbre. Mais il faut suivre plûtôt les sentimens de S. Augustin, lequel étant desolé de la mort de son ami, exprime sa douleur par ses tristes & tendres paroles : O Dieu des vengeances ! qui nous ramenez à vous par des voïes admirables, vous mîtes fin à la vie de celui que j'aimois pardessus toutes les douceurs de la vie même : L'affliction de mon cœur étoit inconcevable, & en tout ce que je regardois, il me sembloit ne voir que la mort. La Ville m'étoit un supplice, le logis de mon pere une prison ; mes yeux le cherchoient de tous côtez, & ne le trouvoient en aucun lieu ; c'est pourquoi je devins importun à moi-même, rien ne m'étant plus doux, que les larmes : Toutes les choses qui paroissent sur la terre, ne me pouvoient contenter ; ni la beauté des bois, ni l'oisiveté du jeu, ni les charmes de la musique, ni l'odeur des parfums, ni l'appareil des festins, ni les plaisirs du lit, ni les délices de la Poësie, ni l'étude des autres Livres, ne pou-

Conf. l. 4. c. 4. & 7.

» voient soulager ma douleur.

Si Aristote nous apprend dans sa Rethorique, qu'il ne faut pas aimer, comme devant haïr, mais qu'il faut haïr comme devant aimer ; nous devons rechercher une amitié ferme & stable, l'établir sur de solides connoissances, & la graver dans nos cœurs aprés l'avoir éprouvée, & reconnuë ferme & solide, afin que nous ne soïons point exposez aux regrets d'une affection trompée.

L'Amitié a quelque chose de si excellent, qu'il y auroit de la cruauté d'en refuser l'usage aux personnes qui vivent dans le Celibat : Il semble, au contraire, qu'étant privées du commerce du grand monde, & des plaisirs qu'apportent les alliances seculieres ; elles doivent adoucir la rigueur d'une condition solitaire par le moïen d'une amitié sincere & fidelle : Deux choses sont à considerer ; le choix des personnes que l'on veut aimer, & la conduite qu'il faut garder dans l'amitié.

Aprés tant de raisons qui font connoître les grands avantages de l'amitié, il ne faut pas neanmoins ruïner le principe que nous avons établi, que dans le Celibat il faut aimer sans attachement : Cette conduite est beaucoup plus aisée aux personnes libres, qu'à celles qui sont unies ensemble par les liens du Mariage, ou par la societé du Cloître.

CHAPITRE XXIII.

Des Amitiez apparentes & trompeuses.

C'Est ici un endroit où les personnes qui passent leur vie dans le Celibat, doivent recueillir toutes leurs lumieres, pour ne point succomber aux feintes malicieuses d'une amitié apparente. La duplicité qui témoigne au dehors le contraire de ce qu'elle pense, qui dissimule ses desseins, & qui tâche de couvrir ses fourberies sous des pretextes de justice & de raison, est le plus dangereux venin de l'amitié. Par ce poison elle est entierement ruinée, & tous ses avantages sont changez en de mauvaises & pernicieuses qualitez.

Saint Bernard nous fait en peu de mots la description d'une trompeuse amitié, opposée à celle qui est veritable, quand il dit, qu'il est impossible de recevoir, d'une affection égale, les tenebres & la lumiere, la colere & la paix, le jugement & la misericorde, la figure & la verité, la verge & l'heritage, le frein & le baiser.

Ceux qui se promettent beaucoup de la compassion & de la bonne volonté des esprits fourbes, connoissent tres-mal le cœur humain ; car si-tôt qu'il s'écarte de la sincerité & de la douceur qui doit lui estre naturelle, il n'a plus de veritable amitié ; ses bontez ne sont qu'apparentes, parce qu'elles n'ont aucun principe d'amour & de tendresse.

Nous apprenons des Physiciens, que le naturel du Loup est si contraire à celui des Agneaux, que si l'on mettoit dans un Luth des cordes mêlées des uns & des autres, celles du Loup corromproient infailliblement celles des Agneaux : Il en est de même des plumes de l'Aigle, mêlées avec celles des Pigeons ; elles les détruisent & ruinent entierement, si elles demeurent long-temps ensemble. Ces exemples, tirez de la Nature même, doivent apprendre aux personnes libres au sujet des amitiez feintes, que la dissimulation n'est pas moins opposée à la sincerité de celles qui sont veritables, que la malice & la cruauté des Loups le sont à l'innocence & à la simplicité des Agneaux, & que la voracité de l'Aigle se trouve contraire à la douceur des Colombes. Car ainsi que ces animaux de carnage ne sont propres qu'à faire du mal aux autres, en les meurtrissant & en les dêvorant : de même ceux qui ont le cœur double, les gens à deux visages ne sont propres qu'à détruire toutes sortes d'amitiez ; & lors qu'ils en font paroître le plus de démonstration, c'est en ce tems-là qu'ils sont plus capables de faire du mal, à cause que la plûpart ne se laissent point surprendre par les contrarietez, mais par des agrémens & des complaisances étudiées.

Pour ne point tomber dans les pieges que nous tend la dissimulation des faux amis, il ne faut jamais faire amitié avec les personnes qui sont d'un état beaucoup plus relevé que le nôtre, ni avec celles que nous ne connoissons pas bien : Enfin il nous faut garder de celles qui nous sont beaucoup inferieures, soit en condition, soit autrement.

Le Saint-Esprit nous défend la premiere sorte d'amitié, quand il dit par le Sage : *Ne parlez point avec un plus puissant que vous, comme avec vôtre semblable, & ne croïez pas à la plus grande partie de ses paroles, parce qu'en souriant il vous interrogera de vos secrets ; & son courage qui est sans pitié, gardera vos réponses, pour s'en servir contre vous.* Le même nous interdit l'amitié de ceux que nous ne connoissons point assez particulierement, lors qu'il dit : *Ne découvrez point vôtre*

Ecclef. ch. 13.

ch. 8.

cœur à celui que vous ne connoissez pas, de peur qu'il ne s'en serve pour vous nuire ; mais recherchez l'amitié des Sages, que vous aurez bien connu & éprouvé, & ne manquez pas de converser avec eux pour apprendre la sagesse, la doctrine & le jugement. Et pour les troisiémes personnes avec lesquelles nous ne devons pas nous engager d'amitié, la raison nous en fait connoître les motifs, qui ne sont autres que la bassesse de cœur, le peu d'esprit, & le manquement d'éducation, qui sont ordinaires aux personnes d'une naissance servile.

On ne doit donc jamais prétendre à l'amitié de ceux qui ont de la feinte & de la dissimulation, ou de l'audace & de la temerité, ou enfin de la bassesse & de l'ignorance ; parce que toutes ces choses empêchent la confiance qui doit estre entre les amis.

C'est un aveuglement d'esprit de preferer une amitié flateuse à une amitié veritable, quoiqu'un peu severe ; cet abus est arrivé à un si haut point, qu'un Moderne a dit que ceux qui ne savent point flatter, passent pour grossiers, & ceux qui ne veulent point l'estre, sont tenus pour insensibles ; de maniere, que si l'on ignore l'art de flatter, on ne sait pas comme il faut plaire.

L'infidelité n'est pas moins contraire à l'amitié, que la duplicité; car si celle-ci trompe les amis en leur presence, celle-là les trahit, quand ils sont absens; & bien loin de se mettre en peine pour les défendre contre ceux qui les outragent, elle se met du parti pour les offenser & pour leur faire injure.

Si un Auteur de ce temps a dit, que d'ôter la fidelité du monde, c'est arracher le Maître-Autel du Temple, la sainteté du cœur humain, le commerce d'entre les hommes, le repos de la vie, & le lien de la felicité; nous pouvons ajoûter que c'est encore retrancher l'amitié de la societé, pour introduire en sa place la médisance & la détraction.

Les amis infideles sont ceux dont parle le saint homme Job, lors qu'il dit: *Mes plus intimes, & ceux qui me connoissoient, m'ont délaissé & calomnié; ceux qui étoient mes conseillers, m'ont méprisé; & celui que j'aimois particulierement, s'est détourné de moi.* Les justes plaintes de ce modelle de patience nous font une merveilleuse description de ces personnes, qui détruisent l'amitié par leur infidelité. Ch. 19.

« Quand tu te plains de l'infidelité de « tes amis, tu me parles d'une chose « impossible, dit un savant Personnage; Plutarque.

» il se peut faire que tu as crû avoir des
» amis, qui ne l'étoient pas en effet, &
» c'est ce qui arrive ordinairement; c'est
» la plainte de tout le monde. Mais l'ami-
» tié & l'infidelité sont incompatibles; car
» celui qui commence d'estre infidele,
» cesse d'estre ami, ou plûtôt ne l'a ja-
» mais esté.

L'infidelité est d'une grande étenduë; elle est passive & active; elle se pratique autant par le silence, que par le discours; & lors qu'une personne demeure muette, quand l'occasion se presente de servir un ami, c'est une lâcheté, qui n'est pas moins préjudiciable que celle qui forme des obstacles pour empêcher son avancement.

Comme l'infidelité est blâmée de tout le monde, chacun fait ce qu'il peut pour se laver d'une tâche si noire; c'est ce qui fait que les plus perfides se couvrent d'apparences specieuses pour exercer leur infidelité: L'un met en usage le pretexte de la pieté pour s'excuser de rendre un petit service, quoiqu'il pust facilement s'en acquiter, sans faire tort à la devotion: L'autre oppose les Loix afin de ne pas accorder ce que demande un ami, encore qu'il le puisse, sans engager sa conscience; c'est ce qui fit dire autrefois à un Prince de Grece, * que garder exacte-

* Agesilaus.

ment la rigueur de la Justice, c'étoit un pretexte pour ne point servir ses amis.

Comme on peut estre infidele en mille façons, soit en revelant les secrets d'un ami, soit en lui refusant du secours dans le tems de la necessité, parlant froidement à son avantage, découvrant ses défauts, cachant ses bonnes qualitez, étant envieux de sa gloire, mettant des empêchemens à ses desseins, & se rendant contraire à ce qu'il desire; c'est en ces rencontres que les personnes libres doivent faire tous leurs efforts pour se mettre en garde contre ces amitiez apparentes & trompeuses.

Si la duplicité & l'infidelité sont ennemies de toutes les amitiez, la legereté ne leur est pas moins contraire: Les esprits se rebuttent facilement par la fourberie, & par l'infidelité; neanmoins ils ne laissent pas de s'arrêter souvent à de certains amis volages, lesquels sont semblables aux Hirondelles, qui paroissent le Printems, & qui se retirent en Hiver; ils nous quittent, lors que nous croïons les posseder.

Souvent le cœur humain ne laisse pas faire un long sejour à l'amitié; l'entrée & la sortie ne sont pas fort éloignées l'une de l'autre; elles se touchent de si prés, que la distinction du tems est tres-mal-aisée à faire : C'est une chose étonnante que l'inconstance des hommes en matiere d'amitié ; car soit que cette legereté leur vienne de la Nature corrompuë, ou que le peu de bonté & de retour qu'ils ont les uns pour les autres, en soit la cause, ces changemens si promts & si faciles sont toujours blâmables : neanmoins les personnes dégagées en peuvent tirer beaucoup d'utilité, reconnoissant en cela la permission & la volonté de Dieu, qui les veut détacher des creatures.

Comme on peut facilement comprendre par tout ce qui vient d'estre dit, que les veritables amitiez sont rares, & que les apparentes sont tres-frequentes à present ; il ne faut pas s'étonner si de tout tems l'on a fait beaucoup d'estime des bons & fideles amis. C'est par cette raison que *Damon* & *Pithias*, Philosophes Pythagoriciens, se rendirent admirables à Denys, Tyran de Sicile, parce qu'étant accusez de crimes capitaux, & chacun aimant mieux défendre son ami que soi-même, ils voulurent mourir l'un pour l'autre. Cette amitié sans exemple toucha si fort le cœur de ce Tyran, que les aïant absous & renvoïez, il souhaita d'être de leurs amis.

Si les Neutralistes ne sont pas assez heureuses pour trouver des amitiez sinceres, fidelles & constantes, elles peuvent toujours estre assez sages pour éviter celles qui sont feintes, infidelles & changeantes ; de cette maniere elles pourront conformer la liberté de leur esprit, à celle de leur état.

C'est avoir beaucoup de conduite, que de prévenir le changement des amitiez infidelles & dissimulées, par une prudente moderation, & par une sage retenuë à l'égard de ces pretendus amis ; toutefois il ne faut jamais les abandonner sans de pertinentes & valables raisons, suivant le conseil que nous donne l'Ecriture par ces paroles : *Ne cherchez point l'occasion de vous retirer de vôtre ami ; car si vous le faites, vous serez toujours digne de reproche.* Prov. c. 8.

Fin du second Livre.

LIVRE TROISIÉME.

L'emploi du tems, les exercices, & les vertus les plus necessaires aux Personnes qui passent leur vie sans engagement.

AVERTISSEMENT.

Quoique tous les hommes en general soient obligez aux preceptes que leur inspire la Nature, & qui leur sont commandez par la Loi divine: Quoique chaque Nation ait ses Coûtumes particulieres; neanmoins il y a quantité d'exercices, qui sont tellement propres à certains états & conditions, qu'ils ne le sauroient estre à d'autres: c'est par cette raison qu'il est necessaire de traiter en ce Livre, de l'emploi du Tems, & des verius qui sont les plus utiles dans le Celibat volontaire, afin d'y vivre saintement.

Comme nos exercices regardent Dieu, le Prochain & nous mêmes, il faut par rapport à ces trois objets, diviser l'emploi que l'on doit faire du temps; c'est pourquoi dans les premiers Chapitres, je parlerai de la Priere & de l'usage des Sacremens, qui sont les pratiques par lesquelles nous rendons nos adorations & nos hommages à la Divinité, & par lesquelles nous sommes reconciliez à Dieu, lors que le peché nous en separe. Dans les suivans je traiterai des œuvres de misericorde, ausquelles les personnes libres ont tout le loisir de s'adonner, pour rendre au prochain l'assistance qu'elles lui doivent. Ensuite je ferai voir, que c'est dans la solitude que l'on peut reformer ce que l'on reconnoît d'imparfait en soi-même. Et comme les personnes qui vivent dans le Celibat, doivent estre fort accomplies; pour ne rien oublier de tout ce qui peut contribuer à leur avancement, je finirai par les vertus qui sont singulierement necessaires à la perfection de cet état.

Le Celibat ne doit point estre regardé comme une vie commune & ordinaire, encore moins comme un chemin large & spacieux. Pour remplir son devoir, il faut une severité de mœurs, qui porte le caractere du Christianisme. Quoique l'Eglise, qui est l'Assemblée des Fideles, ne soit pas exemte de tache en tous ses membres, c'est neanmoins une verité constante, que les chûtes des personnes qui font profession de pieté, causent plus de scandale: car, comme dit Saint Bernard, on voit parmi les hommes, que les uns sont remplis de vanité, les autres de volupté, & les troisiémes de verité : Et comme ces derniers sont dans la voïe de la perfection, où l'on apprend la discipline & la science : s'ils viennent à s'écarter de leur sentier, ils en seront punis plus severement.

C'est une chose si necessaire d'estre reglé en ses exercices, & d'avoir ses heures destinées pour toutes les actions de la vie, soit humaine, soit spirituelle : qu'il est impossible de faire du progrés ni dans la vertu, ni dans les affaires du monde, si l'on manque à ce devoir. Pour éviter le desordre & la confusion, toute personne judicieuse doit regler sa conduite & l'emploi de son temps : c'est ce que font aussi les personnes libres, qui le peuvent ordonner avec autant de sagesse que de facilité.

Quoique ce soit une espece de contrainte de suivre exactement les heures que l'on s'est prescrites, l'utilité que l'on en retire, est si grande, qu'on ne sauroit l'exprimer. Il ne faut jamais perdre courage pour les difficultez que l'on y trouve ; elles seront bien-tôt surmontées par l'usage & par la pratique : puis que, selon Seneque, rien n'est penible dans les choses que la coûtume a changées en nature.

Livre de la Providence 2 ch. 5.

C'est un sentiment universel entre les Philosophes, que les moindres défauts des principes sont suivis de manquemens considerables, & de fins dangereuses. C'est pourquoi les Personnes dégagées doivent considerer, que c'est une chose de la derniere consequence de jetter les fondemens d'une vertu solide, pour élever l'édifice de leur perfection. Enfin, les choses qui sont comprises en ce Livre, convaincront que l'on ne sauroit estre veritable Neutraliste, sans un parfait reglement de vie & de mœurs.

CHAPITRE PREMIER.

De l'emploi du Temps.

IL y a deux choses tout-à-fait incomprehensibles, dit Platon; l'une qui est toujours & qui n'a jamais eu de commencement, que nous reconnoissons être Dieu; & l'autre qui se passe toujours, & qui n'est jamais arrêtée, sçavoir le Temps, qu'il appelle encore *l'étenduë & la succession de la vie des hommes*. Aristote son Disciple en fait une définition, qui se rapporte à celle de son Maître, lors qu'il dit, que *le Temps est la mesure des choses muables, le compte & le nombre de tout ce qui est compté & nombré*. Il veut aussi, que la mutation du temps ne soit autre chose que celle des Etoiles & des Planettes, qui servent à faire sa distinction, & à mettre la difference entre les années, les mois, & les jours. D'autres Philosophes ont dit, que le temps n'étoit autre chose que *le voïage du Soleil*; & qu'étant dans un mouvement continuel, il étoit le mouvement même, sa nature ne pouvant estre qu'une agitation, qui n'est jamais dans le repos.

Confess. l. 11. c. 11. Saint Augustin nous apprend, que le temps que nous estimons si long, n'est composé que de momens qui coulent sans étenduë, & par consequent qui ne peuvent se mesurer à une durée, qui soit tout à la fois; & que par cette raison nous n'arrêtons pas le temps en le mesurant, mais nous le mesurons en fuïant. Rien ne va plus vîte que le temps, il ne repose jamais en soi; car lorsqu'il commence, il finit; & quand il finit, il commence. Le temps present est la fin du passé, & le commencement de celui qui est à venir. Aussi rien n'est si precieux que le temps, puisque de toutes possessions l'on en peut avoir deux ou plusieurs ensemble; mais du tems, personne ne peut avoir deux momens à la fois; & quand il est passé, il ne peut jamais retourner.

Le temps est une creature admirable, qui reçut l'estre par le souverain Auteur

de

de toute chose, lorsqu'il fit la séparation du jour & de la nuit, comme il est marqué dans la Genese. Quoique les saisons & les années se connoissent par le cours du Soleil, & les mois par celui de la Lune; neanmoins c'est par la conduite de l'esprit humain, qu'ils ont receu les noms, par lesquels ils sont distinguez. Ch. 1.

Le Saint-Esprit nous enseigne dans l'Ecclesiaste, les differens emplois que nous devons faire du temps, quand il dit par la bouche du Sage: Toutes « Ch. 3.
choses ont leur saison, & toutes celles «
qui sont sous le Ciel, passent en leur «
temps: parce qu'il y a un temps de «
naître, & un temps de mourir; il y a «
un temps de planter, & un autre d'ar- «
racher; temps d'aimer, & temps de «
haïr; un temps de guerre, & un temps «
de paix; temps de se taire, & temps «
de parler; temps de joïe, & temps de «
tristesse. Nous apprenons de ces paro- «
les deux choses également importantes: La premiere, que le temps qui compose les siecles, les années, les mois, les semaines, les jours, les heures, & les momens, renferme aussi une grande diversité d'emplois & d'occupations particulieres: Et la seconde, qu'il ne faut jamais faire un mauvais usage de ce temps

precieux, que Dieu nous donne pour le servir.

Trois choses sont à considerer dans l'emploi que l'on doit faire du temps. La premiere, l'obligation que l'on a de ne le point perdre : la seconde, l'utilité que l'on en peut recevoir ; & la troisiéme, le préjudice que l'on souffre d'en mal user ; car, comme dit Seneque, la fuïte du temps est incroïable, & le bonheur de la vie ne consiste pas dans une longue suite d'années, mais dans le parfait usage que l'on en fait. Il s'en trouve plusieurs qui sont chargez d'années, & qui neanmoins n'ont guéres vêcu. La vie s'échappe, & se perd, dit un autre Savant, pour ceux qui font toute autre chose, que ce qu'ils devroient faire.

Epist. 48.

Petrarq.

Nous n'avons point de plus étroites obligations, que celles qui nous sont prescrites de la part de Dieu, & nous ne pouvons douter de sa volonté touchant l'emploi du temps. Tout ce qui est au monde, sert de modele à l'homme pour lui apprendre cette verité ; & comme par le peché il a perdu la plus grande partie des privileges qu'il possedoit en l'état d'innocence, le Seigneur lui fit un commandement exprés de cultiver la terre, laquelle autrement ne lui produiroit que des épines. Cela nous fait connostre, que par la chûte dans le peché, nous sommes obligez à mener une vie laborieuse pour satisfaire à la Justice divine.

Quoique l'obligation de bien emploïer le temps, soit tres-grande à toutes sortes de personnes; neanmoins celles qui sont dans un état libre, y doivent estre plus exactes; parce que dans les autres conditions, les heures y sont reglées par une puissance superieure: mais en celle-ci elles sont maîtresses de leur temps, & peuvent tres-facilement en faire un mauvais usage, si elles ne destinent à toutes les heures du jour leurs pratiques particulieres.

Quoique le temps soit dans une agitation continuelle, il ne laisse pas de se renfermer, avec toutes ses parties, dans les facultez de nôtre ame; elle rappelle le passé par la memoire, elle medite le present par l'intelligence, & anticipe le futur par la volonté; car nôtre esprit n'est pas moins agissant, que la chaleur naturelle, qui entretient la vie de nos corps: son activité est si grande, qu'il n'est jamais un moment sans penser & sans réflechir; & comme toutes les actions ausquelles l'on pense, sont passées, presentes ou futures, la raison humaine se fait un grand tresor des differentes parties d'un estre si mobile & si inconstant. Elle se regle elle-même dans cette diversité de temps, & s'affermit dans ses resolutions, nonobstant les suites & les agitations de ce même temps.

Les personnes qui vivent dans le Celibat, peuvent aisément faire un bon usage du temps ; aussi elles ne manquent pas de se prescrire des loix indispensables & reglées pour prier, mediter, lire, étudier à de certaines heures ; elles en destinent d'autres pour travailler, converser, & prendre les repas & le repos necessaire à la conservation de la santé & de la vie : elles ne changent jamais leur maniere d'agir, si ce n'est pour causes urgentes, comme maladie, affaires, ou autres necessitez inévitables : mais étant passées, elles reprennent, comme auparavant, la pratique de leurs exercices ordinaires.

Les Ames Chrétiennes ne sauroient jamais mieux comprendre les grandes obligations qu'elles ont de bien emploïer le temps, que par cet avertissement que » leur donne le Sage : Apportez, dit-il, » toute la diligence possible pour faire » tout ce qui est en vôtre pouvoir : parce » qu'aprés la mort il n'y a plus ni scien- » ce, ni ouvrage, ni vertu. Peut-on s'imaginer rien de plus pressant pour nous

Ecclesi. ch. 9.

obliger à bien emploïer le temps, que l'idée de ce que nous serons aprés la mort ? Celui que nous aurons perdu, ne se pourra jamais rappeller; & aprés cette vie, il n'y a plus lieu pour faire penitence, ni pour acquerir aucun merite.

L'Apôtre exhorte les Ephesiens à racheter le temps, parce que les jours sont mauvais, & qu'il faut avoir de la prudence pour bien connoître quelle est la volonté de Dieu : Et ailleurs il dit ces mots : *Conduisez-vous sagement envers tout le monde, & rachetez le temps comme precieux devant Dieu, qui vous en demandera compte.* Le Roi Prophete étoit bien penetré de cette verité, lors qu'il disoit : *J'ai pensé aux jours anciens, & je me suis souvenu des années éternelles. Je passois les nuits à mediter en mon cœur, & je m'exerçois, afin de purifier mon esprit.*

Ch. *Colloss. ch. 4.* *Psalm.*

La seconde raison qui doit engager les personnes qui vivent dans le Celibat, à bien emploïer le temps; c'est la grande utilité qu'elles en retirent. Tertullien nous assure, que Dieu nous a donné un temps, durant lequel nous devons ménager nos affaires spirituelles; étant en nôtre pouvoir d'en faire un bon ou mauvais usage, afin de nous rendre nôtre

Juge favorable dans les derniers jours.

Le Philosophe Romain connoissoit bien les avantages que l'on reçoit par le bon emploi du temps, lorsqu'il disoit, que la seule vie du Sage est fort longue, encore qu'il ne soit pas chargé d'années; les siecles passez, aussi-bien que les futurs, lui sont presens; il n'est pas resserré dans les limites du vulgaire, il n'est point sujet aux loix du Genre humain, tous les temps lui obeïssent; s'il est passé, il en retient le souvenir; s'il est present, il s'en sert; & s'il est à venir, il va au devant, & use de prévoïance.

Liv. de la brieveté de la vie, c. 1.

Ce n'est pas les seuls avantages, que ce sage Profane nous fait remarquer dans le bon emploi du temps; il nous en propose encore un autre, qui merite d'estre bien consideré, c'est le soulagement de nos peines. Le temps, dit ce grand Homme, peut moderer toutes sortes d'afflictions, c'est un remede naturel qui fait cesser nos plaintes: quoique pendant nôtre vie, nous ressentions de nouvelles miseres avant que d'avoir pû remedier aux anciennes; nous ne laissons pas d'être soulagez par la suite du temps, parce que sa course imperceptible apporte du changement à une infinité de choses qui servent à nous consoler, ou du moins à diminuer l'idée de nos maux. Pour cet effet, il n'y a qu'à faire un bon usage du temps par une sainte avarice de ses momens ; ce sera un moïen assûré pour éviter les chagrins, dissiper les ennuis, surmonter la tristesse, mortifier les joïes indiscretes, &c.

C'est l'opinion des Savans, que nous devons mettre le temps au rang des graces singulieres, que nous avons eûës de Dieu : les années, les mois, les semaines, les jours, & les heures sont autant de bienfaits, que nous recevons du Ciel, pour nous en servir utilement & saintement ; & si nous venons à les mépriser, il est à craindre que le Seigneur ne nous en prive, & ne retranche le cours de nôtre vie, qui auroit peut-estre esté plus longue sans nos dereglemens ; ou bien, il nous suscite des obstacles, qui nous ôtent le libre usage, que nous pourrions faire du temps pour nôtre avancement, & pour nôtre utilité.

Les maux que nous endurons tous les jours, par le mauvais usage que nous faisons du temps, nous doivent servir d'un troisiéme motif, pour nous obliger à l'emploïer le plus utilement qu'il nous sera possible : c'est une consideration qui doit renouveller en nous le desir de nous acquitter de nos devoirs, & de remplir nos obligations. Les personnes libres ne doivent pas estre du nombre de ceux, dont parle Seneque, lorsqu'il dit, qu'une grande partie du temps est perduë par ceux qui font mal, une autre partie se perd par ceux qui ne font rien, & toute la vie entiere est inutile à ceux qui ne pensent jamais à ce qu'ils doivent faire. Mais la perte la plus honteuse, dit ce Philosophe, est celle qui arrive par nôtre negligence: c'est aussi celle qu'il faut le plus apprehender, si nous voulons éviter la malediction, dont le Seigneur frappa le Figuier sterile & infructueux.

S. Luc, ch. 3.

Serm. 31.

S. Gregoire Pape, expliquant cet endroit de l'Evangile, dit ces paroles tout-à-fait remarquables: JESUS-CHRIST » a recherché en trois divers temps la » Nature humaine; en l'attendant devant » la Loi; en l'assujettissant au temps de » la Loi; & en la visitant au temps de » la Grace. Il est venu devant la Loi, » à cause qu'en ce temps-là chacun pou- » voit bien vivre par la lumiere natu- » relle; Il est venu au temps de la Loi, » parce qu'il a enseigné aux hommes ce » qu'ils devoient faire, en leur imposant » des commandemens: enfin il est venu » au temps de la Grace, s'étant rendu » visible & familier avec eux, par une » bonté qui n'a point d'exemple. Cepen- » dant le Sauveur s'est plaint, qu'en ces trois

trois temps il n'a trouvé aucun fruit : «
parce qu'il y a une infinité d'hommes, «
que la Loi naturelle n'a pû corriger, «
ni la connoissance des Preceptes ins- «
truire, ni le miracle de l'Incarnation «
convertir ; étant les uns & les autres «
de mauvais œconomes du temps, & «
par consequent exposez comme cet Ar- «
bre sterile, à estre arrachez & jettez au «
feu qui ne s'éteint jamais. «

Une bonne partie des hommes emploïent le temps aux affaires temporelles; une autre le passe dans les plaisirs & dans les divertissemens : mais les Ames vraïement Chrétiennes s'adonnent aux exercices de pieté, & tâchent de se rendre habiles dans les voïes de l'esprit, afin de ne point tomber dans le malheur, dont parle le Sage, quand il dit : *J'ai passé par le champ du paresseux, & par la vigne de l'insensé, & ils étoient couverts d'orties, & remplis d'épines ; & la muraille qui servoit à les entourer, étoit démolie & renversée par terre.* Prov. c. 24. &c.

S'il est vrai ce que nous enseignent les Philosophes, que le sommeil est un lien de la faculté sensitive, qui cause une suspension des exercices tant de l'esprit que des sens exterieurs ; nous sommes obligez de conclure, qu'une partie du temps de la vie des hommes n'est pas en leur puissance, puisque cette fonction animale leur est si necessaire, qu'ils ne sauroient se passer un seul jour de dormir, sans en être incommodez; il ne leur reste donc plus que le temps de veiller, où étant libres de leurs facultez, tant interieures qu'exterieures, ils peuvent agir sans empêchement, & se servir de leur raison, pour se soumettre à l'empire de la volonté.

Puisque le temps n'est pas entierement en nôtre pouvoir, le sommeil & les autres necessitez du corps en occupant une partie, & un tres-grand nombre d'actions recidives une autre; c'est une consequence infaillible, qu'il en reste peu pour les fonctions de l'esprit; & si l'on vient à le negliger, la pratique des vertus, & l'étude des sciences en souffrent beaucoup de préjudice: c'est ce qui oblige les personnes libres à prendre de grandes mesures pour regler leur temps; elles en donnent peu au sommeil, à la refection, & au divertissement, afin d'en avoir beaucoup pour prier, lire, & étudier.

Elles se souviennent toujours de ce que dit S. Jean Climaque, que le dormir est une suspension des fonctions de la Nature, une image de la mort, & un assoupissement des sens; que son excés produit l'oubli des choses divines, & nous rend incapables de la contemplation: comme au contraire, veiller purifie l'esprit, & affermit la memoire.

Ce n'est pas grand-chose de vivre, dit un ancien Philosophe, puisque non seulement les Esclaves, mais encore les Bêtes vivent comme nous; mais c'est un grand avantage de pouvoir vivre honnêtement, sagement, & genereusement. Importante leçon pour les personnes libres, qui desirent bien emploïer le temps, par de serieuses réflexions sur le passé, par l'usage moderé du present, & par une sage prévoïance du l'avenir.

CHAPITRE II.

De la Priere.

DIEU étant un Estre souverain, nous sommes obligez de rapporter toutes choses à lui. Nous lui devons un sacrifice continuel de nous-mêmes, soit par l'adoration, la meditation, les élevations d'esprit, les réflexions interieures, & la Priere vocale; soit par l'usage que nous devons faire des Sacremens, qui sont des moïens efficaces pour surmonter les Ennemis de nôtre salut.

Comme il n'y a point d'holocauste, de sacrifice & d'oblation sans Priere, & que l'on ne sauroit participer aux Sacremens de l'Eglise, sans l'assistance des Ministres sacrez; il faut premierement traiter de l'Oraison qui se pratique en tout lieu, sans avoir besoin de secours nétranger, & parce que c'est la plus necessaire disposition pour approcher dignement des Sacrifices de la Loi de Grace.

On ne sauroit mieux définir l'Oraison, qu'en disant que c'est une élevation de l'esprit à Dieu, qui rend à sa divine Majesté le tribut des hommages & des affections du cœur humain. La Priere se peut prendre dans un sens plus étendu, & selon le sentiment des Savans, nous la pouvons diviser en plusieurs parties; parce qu'il y a de la difference entre l'adoration, la meditation, les aspirations, & l'Oraison vocale, quoique toutes ces choses soient comprises sous le terme de *Priere*.

L'Adoration est un culte de latrie, dont les actes se produisent en peu de paroles, soit interieures par la pensée, soit qu'on les prononce de bouche, cela se peut faire sans distinction de temps & de lieu. La meditation au contraire, demande des heures particulieres, des endroits retirez, & une forte application d'esprit. Pour l'exercice de la presence de Dieu, il se pratique sans beaucoup de contention, avec une certaine douceur & suavité interieure, qui fait que l'ame sans se faire violence, est attentive à son Seigneur; & comme cette pensée peut estre facilement interrompuë pendant cette vie, les élevations d'esprit qui sont si frequentes aux Ames spirituelles, leur servent à renouveller en elles-mêmes le souvenir de Dieu.

Les Savans ont fort parlé de toutes ces manieres de prier; ils en ont composé une infinité de Livres; & l'on y trouve des Methodes en si grand nombre, qu'il n'y a point de personne dans la pratique de la devotion, qui n'en ait plusieurs pour les conduire dans ces exercices; c'est pourquoi il est à croire, que les Neutralistes qui menent une vie separée du vulgaire, sont parfaitement instruites dans toutes ces pratiques, qui sont ordinaires aux personnes éclairées.

Le Celibat est un état de priere & d'application d'esprit à Dieu: c'est pourquoi il est à propos de dire quelque chose de l'excellence & du merite de ce saint exercice, non pas pour en donner des preceptes, mais pour faire connoître la perfection des personnes, qui s'y adonnent particulierement, & les grands avantages que l'on en retire.

Toute Religion est fausse, qui dans sa foi n'adore pas un Dieu, comme principe de toutes choses, dit un Moderne, M. Pasc. & qui dans sa Morale n'aime pas un seul Dieu, comme objet de toutes choses: nous pouvons connoître par ces paroles, que toute la vie d'un Chrétien se doit passer dans l'adoration & dans l'amour du seul vrai Dieu.

Plutarque dit que nous devons avoir trois affections differentes envers les Dieux, les estimer, les craindre, & les honorer; à cause de leur éternité, de leur puissance, & de leur justice. Tous ces grands devoirs sont renfermez dans la Priere: on ne sauroit plus estimer, craindre, & honorer Dieu, qu'en l'adorant, en l'aimant, & en tâchant de l'avoir continuellement dans l'esprit, & dans la pensée. C'est veritablement reconnoître la Majesté divine, honorer la Toute-puissance, & pratiquer la premiere de toutes les vertus, que d'accomplir les devoirs du Culte divin par la Priere, & d'avoir toujours dans l'idée le souvenir de Dieu.

2. 2. q. 10. 102. ar. 4. S. Thomas, pour nous faire remarquer, que les actes du culte exterieur ne sont pas si agreables à Dieu, que les actes

interieurs, dit que la Loi de Grace, sans diviser l'unité de son culte, multiplie ses Temples, ses Autels, & ses Ceremonies, pour signifier qu'elle est dominante, & que son adoration est invariable & indivisible dans ses objets interieurs, quoi qu'elle soit tres-diversifiée dans ses Temples exterieurs.

Pour s'adonner à la Priere, il est necessaire d'en connoistre le merite : Saint Augustin en parle en peu de mots, mais fort énergiques. Elle est, dit ce Pere, tres-agreable à Dieu, terrible au demon, & sert à l'homme d'une forte défense. C'est par ces raisons que la Priere est difficile à pratiquer : car si-tôt que nous tâchons à nous recueillir interieurement, il n'y a point d'artifices que Satan n'apporte pour nous en détourner.

La Priere, dit un autre Saint, est la clef du Ciel, & un arbre de vie ; lequel aïant pris de fortes racines, ne sauroit estre ébranlé par le vent des persecutions : c'est une divine Eloquence, laquelle sans le choix des mots, l'ordre du discours, & la multitude des raisons, se rend puissante auprés de Dieu, pour en obtenir tout ce qu'elle desire : elle est toujours victorieuse, lorsqu'elle est accompagnée de toutes ses circonstances ; parce que non seulement le Seigneur est favorable à la Priere fervente & attentive : mais de plus les Ames qui la pratiquent, en reçoivent beaucoup de lumieres, de douceur & de suavité.

On ne sauroit jamais comprendre l'estime que les Saints ont fait de cette vertu : en effet, ils se sont beaucoup plus arrêtez à parler de l'Oraison, que des autres exercices de la vie spirituelle ; parce qu'ils étoient persuadez qu'elle en est la source, la mere & la nourrice. Ces veritez ne sont pas mal-aisées à croire, puisque nous apprenons de saint Jean

28. Degré de son Echelle.

» Climaque, que la Priere est une fami-
» liarité de l'Ame avec Dieu ; une action
» du cœur qui se renouvelle sans cesse,
» & qui ne finit jamais : c'est le canal,
» par lequel toutes les graces du Ciel se
» répandent sur les hommes : c'est la
» Priere qui leur fait connoître l'état
» où ils sont en cette vie mortelle, &
» qui leur découvre, par avance, celui
» auquel ils seront un jour, en leur tra-
» çant dans l'esprit, comme un craïon
» de la gloire éternelle.

Il faut que la Priere renferme beaucoup d'excellence, s'il est vrai ce que dit Hugues de S. Victor, que par son moïen nous cessons en quelque maniere d'estre corporels ; & qu'étant comme morts au monde, nous vivons seulement avec Dieu.

S. Chrysostome dit à ce sujet, qu'il faut apporter à la Priere, non pas la posture du corps & les cris de la bouche, mais la ferveur de l'esprit, & la voix du cœur. Et ce grand Homme, pour nous faire comprendre que l'Oraison ne consiste pas en nombre de paroles ; mais dans une élevation interieure, qui nous separe des choses d'ici-bas, dit ces mots : La Priere d'un veritable « Fidele est de ne point s'attacher aux « choses visibles, mais de soupirer tou- « jours vers le Ciel, & de desirer les « biens qui sont à venir. «

Hom. 19 sur saint Math.

Nôtre Ame est appellée *intellectuelle*, à cause de la faculté qu'elle a de discourir, de mediter, & de contempler ; d'où vient que nous l'appellons *raisonnable* & éclairée : c'est parce qu'elle est tellement conduite par les principes de la raison, qu'elle se peut entretenir elle-même, sans s'épancher au dehors, & sans rechercher dans les choses exterieures, des objets pour se contenter. Cette retraite interieure est une veritable Oraison, parce qu'en ce temps Dieu occupe nos pensées, nos affections & nos desirs. Dans cette élevation d'esprit, nous n'a-

vons point d'entretien qu'avec la Divi-
» nité : cela fait dire à Tertullien, que
» l'Oraison est composée de raison, par
» le rapport qu'elle a au Pere ; de parole
» par le respect du Verbe ; & d'esprit
» par la direction, qui la rapporte à la
» troisiéme Personne de l'adorable Tri-
» nité, qui est le S. Esprit.

Si un grave Auteur a dit, que nous n'entendons pas la mélodie du Ciel, à cause de la foiblesse de nos oreilles ; & que par l'infirmité de nos yeux nous ne voïons jamais mouvoir le Soleil, quoi qu'il soit dans un continuel mouvement : nous avons beaucoup plus de sujet de soutenir, que la mélodie du cœur humain, uni à Dieu par la Priere, est incomparablement plus douce, plus agreable, & plus charmante : mais les gens, préoccupez des vanitez du siecle, ne peuvent pas comprendre cette grande verité, à cause de l'aveuglement de leur esprit.

S. François de Sales appelle l'Oraison, *une Theologie mystique* ; & dans la comparaison qu'il en fait avec la speculative,
» il dit, que l'une & l'autre n'ont que
» Dieu pour objet, & que neanmoins il
» peut y remarquer trois differences. La
premiere, que la Scholastique traite de Dieu en tant que Dieu ; & la Mystique,

en tant qu'il est souverainement aimable. La seconde, l'une dispute des choses de Dieu avec les hommes ; & l'autre s'entretient de Dieu avec Dieu. Enfin, la troisiéme, la Speculative tend à la connoissance de Dieu, & la Mystique à son amour : celle-là rend savant ; celle-ci rend amateur de Dieu.

Si nous considerons attentivement les choses, nous verrons que non seulement l'Oraison est une Theologie mystique, mais encore speculative ; car ce n'est pas moins prier, en meditant & réflechissant sur les Perfections divines, qu'en les aimant & en les adorant. A prendre les choses selon les maximes ordinaires de la vie spirituelle, nous trouverons que la connoissance précede toujours les affections & les demandes : C'est ce que nous apprend sainte Therese, lors qu'elle dit qu'en recitant le *Credo*, il faut savoir ce que l'on croit ; & en disant le *Pater*, qu'il faut considerer ce que l'on demande à Dieu, qui est le souverain Maître, qui nous a enseigné cette Doctrine celeste.

Puisqu'au sentiment de S. Bonaventure, l'Oraison comprend tous les degrez de la Contemplation, & de l'entretien, qu'une Ame peut avoir avec Dieu ; ce n'est pas sans raison que je parle aux per-

sonnes dégagées, d'une si belle pratique. C'est le premier & le plus important de tous leurs exercices, & sans lequel jamais elles ne s'acquitteront parfaitement des autres. Le Saint Esprit leur apprend cette verité, lors qu'il dit par l'organe
Eccles. c. 25. » du Sage, que l'Oraison des humbles » pénetre les Cieux, détourne le juge» ment de Dieu, & obtient sa miseri» corde.

Grenade nous enseigne que c'est s'approcher de Dieu, que d'unir nôtre entendement & nôtre volonté à lui, par le moïen de la meditation & de l'amour; & que nous serons d'autant plus éclairez des raïons de sa lumiere, que nous serons plus assidus à la speculation & à la Priere. Pour arriver à cet heureux état, il faut pratiquer quatre principaux exercices, qui ne sont autres que la Lecture, la Meditation, l'Oraison, & la Contemplation. Il faut lire pour apprendre, mediter pour bien comprendre, prier pour s'enflâmer en l'affection des choses divines, & pour obtenir tout ce qui est necessaire à nôtre salut: mais contempler & aimer Dieu, en fait le capital & l'essentiel.

Réflechir, c'est aller, dit un Prelat de ce siecle: * mais s'affectionner, c'est arriver. La meditation va & cherche, comme

* M. Du Belai.

l'Epouse du Cantique, pendant que l'affection & la contemplation rencontre le divin Epoux, l'embrasse, le serre sans le quitter.

Si la Priere est necessaire en tout tems, elle l'est encore davantage dans les adversitez : Le Roi Prophete étoit bien penétré de ces sentimens, quand il disoit à Dieu, Que mon Oraison s'adresse à « vous comme l'encens, & que l'élevation « de mes mains soit comme le sacrifice « du soir. Seigneur ! j'ai crié vers « vous, qui êtes mon esperance & ma « portion en la terre des vivans : Entendez « à ma Priere, & délivrez-moi de « ceux qui me persecutent, car ils sont « plus puissans que moi. « Ps. 140. & 141.

Le Sauveur du monde, pour nous apprendre la force de la Priere, & la maniere dont il la faut faire, nous dit ces paroles : *Ce que vous demanderez au Pere en mon nom, il vous sera donné, afin que le Pere soit glorifié par son Fils.* C'est à dire, que nous devons toujours nous presenter à Dieu comme de nouvelles creatures, regenerées par le Sang & par la Grace de JESUS-CHRIST, sans les merites duquel nous ne saurions rien obtenir de lui, S. Jean, ch. 14.

Si nous lisons dans les Actes, qu'un Ange dit à Corneille, que ses Oraisons Chap. 10.

& ses Aumônes étoient reçuës devant Dieu, cela se doit entendre, que c'étoit en consideration, & par les merites du Redempteur, qu'il étoit exaucé. La même chose se peut encore dire, de toutes les graces qui ont esté accordées aux prieres des Saints, tant de l'ancien que du nouveau Testament.

La Sagesse divine cherche des cœurs pour en faire des Temples destinez à la Priere : Ceux des personnes qui vivent dans le Celibat, doivent estre tellement disposez à cet exercice, qu'elles ne passent point d'heure en leur vie, qui ne soit accompagnée du souvenir de Dieu. Il n'est pas necessaire d'estre toujours à genou, & retiré du commerce du monde pour faire Oraison ; on peut en tout tems & en tout lieu s'élever à Dieu, en esprit, & avoir sa presence en toutes nos actions, quelque indifferentes qu'elles soient.

C'est aux Ames ferventes en la Priere, que s'adressent les paroles que le Seigneur dit par le Roi Prophete : *Tu m'as invoqué au tems de la tribulation, & je t'ai délivré ; tu m'as prié, & je t'ai exaucé au plus fort de la tempête.*

CHAPITRE III.

De la Devotion.

LA Priere étant presque une même chose que la Devotion, ou plûtôt l'une étant comme la cause efficiente de l'autre, ce Chapitre est plûtôt une suite du precedent, qu'un sujet separé; car si nous prions, soit mentalement, soit vocalement, ce n'est qu'aprés avoir senti les attraits interieurs de la Devotion, laquelle, au sentiment des Savans, n'est autre chose qu'une volonté déterminée de se conduire en tout & par tout selon le bon plaisir de Dieu, & de rechercher sa gloire en tous nos desseins.

Il ne faut pas croire que la Devotion consiste seulement en pelerinages, visite d'Eglises, suite de Processions, prieres vocales, & autres pratiques exterieures de pieté, comme le pensent la plûpart des gens du monde, qui ne s'attachent qu'aux apparences, sans penétrer la verité & le fond des choses.

On se forme aujourd'hui une infinité de Devotions, & chacun s'en fait à sa mode, quoi qu'il n'y en ait qu'une seule, qui est la veritable & la solide. Plusieurs graves Auteurs ont écrit sur ce sujet, pour apprendre aux Chrétiens à ne se pas tromper dans une chose si importante. Un savant Moderne en a remarqué de trois sortes : il fait consister la premiere en penitences, austeritez & macerations corporelles, qui par cette raison retient le nom de *rude* & de *severe*. La seconde devotion, qu'il appelle *delicate*, cherche les moïens d'accorder Dieu & le monde, & de rendre ses Partisans sensuels & devots tout ensemble. La troisiéme, que l'on nomme *transcendante*, fait profession de suivre des chemins écartez, & de raffiner sur les autres Devotions par des speculations d'esprit, ausquelles tres-peu de personnes sont capables de parvenir.

Puisque c'est une chose constante que ces trois sortes de Devotion ne rendent pas les personnes solidement vertueuses, il faut en admettre une quatriéme, qui est la solide, parce qu'elle consiste dans une volonté toujours disposée à suivre celle de Dieu, & qu'elle se porte, sans repugnance, à toutes les choses qui regardent son service. C'est ici la Devotion ordinaire des personnes, qui passent leur vie dans le Celibat, lesquelles ne doivent pas mal-traiter indiscretement leur corps, ni le flatter delicatement, ni encore

encore moins, donner de la presomption à leur esprit, par la recherche trop curieuse d'une voïe transcendante, plus propre à faire naître l'orgueil, qu'à produire l'humilité.

La Devotion n'est jamais veritable, à moins qu'elle ne regle toutes ses pratiques, & à moins qu'elle ne prenne des objets particuliers pour arrêter nôtre esprit, & pour lui servir d'entretien. Quoique Dieu soit un abîme incomprehensible de perfections, neanmoins nous ne pouvons le contempler, qu'avec beaucoup d'obscurité; parce que ses divins Attributs ne nous sont connus, que par la foi, & par les effets merveilleux, que nous voïons dans le monde.

L'Eglise, par ses solemnitez, donne de grands sujets pour entretenir la devotion dans les Ames, & pour les porter à Dieu. Entre tous les Mysteres qu'elle nous represente, celui de la tres-inéfable Trinité doit estre l'objet de l'adoration des Chrétiens : C'est pourquoi je le propose aux personnes libres, pour estre celui de leur devotion particuliere : Quoi qu'il surpasse toute la penétration de l'esprit humain, neanmoins c'est le fondement de nôtre foi, l'ancre de nôtre esperance, & le centre de nôtre amour; car c'est au nom des trois Personnes divines, que tous les Chrêtiens ont esté regenerez dans le Baptême.

L'Eglise, comme Directrice de nôtre croïance, nous oblige, comme on vient de dire, d'avoir quelque connoissance des Mysteres qu'elle nous propose, & particulierement de celui de l'adorable Trinité, qui est proprement la science des Chrêtiens : Les Juifs, à la verité, les Turcs, & autres Infideles, reconnoissent l'unité d'un Dieu ; mais la Trinité des personnes n'est connuë que de ceux qui ont reçu la Foi de Jesus-Christ. Ce divin Sauveur a voulu lui-même prêcher & honorer cet adorable Mystere durant le cours de sa vie mortelle sur la terre ; il a esté baptisé dans le Fleuve du Jourdain, où le Pere Eternel manifesta sa Divinité par ces paroles : *C'est ici mon Fils bien-aimé, auquel j'ai pris ma complaisance :* Et le Saint-Esprit qui parut en forme de Colombe, nous apprend l'unité de ce Mystere, que ce divin Maître a enseigné, tant à ses Disciples, qu'aux autres Peuples de la Judée : Tantôt il parloit de sa Mission parmi les hommes, comme étant envoïé de la part de son Pere celeste ; tantôt de celle du Saint-Esprit, qui devoit se faire aprés son Ascension au Ciel.

Nous avons une infinité de motifs pour

accroître nôtre devotion envers la sainte Trinité : Sans parler de sa Grandeur souveraine & de ses perfections incomprehensibles, les biens que nous en recevons, ne peuvent jamais se concevoir, & encore moins s'exprimer ; il faut seulement considerer les moïens de nous acquiter de nos devoirs envers cet inéfable Mystere ; & pour y observer quelque ordre, je les reduits à trois points ; savoir, les pensées & les affections de l'ame, les actions exterieures qui font connoître la devotion du cœur, & les paroles de la bouche, pour lui donner des loüanges.

C'est dans la pratique de ces trois choses que nous pouvons renfermer toutes les obligations que nous avons d'honorer ce divin Mystere. Il y faut appliquer toutes nos facultez interieures. L'entendement doit contempler la puissance du Pere ; la memoire doit rappeller dans son souvenir, l'incomprehensible generation du Fils, & sa suprême sagesse, dans l'Ouvrage de la Redemption des Hommes ; & la Volonté doit reverer une production éternelle du Saint-Esprit, & aimer tendrement sa souveraine bonté ; & par ce moïen réunir toutes nos affections, nos desirs, & nos pensées, pour honorer l'unité des trois Personnes divines.

Comme nôtre corps, grossier & materiel qu'il est, ne dépend pas moins de Dieu, que nôtre ame, il est juste qu'il serve aux fonctions de l'esprit, & qu'il fasse connoître au dehors les dispositions de l'interieur : C'est à dire que nous devons honorer ce grand Mystere par tous les moïens qu'il nous sera possible, surtout dans le tems que l'Eglise celebre sa Fête, pour reveiller nôtre devotion. Nous devons la prevenir par des prieres, des meditations, & par de bonnes œuvres qu'il faut se prescrire à cet effet.

Pour rendre nôtre devotion plus authentique envers la sainte Trinité, il en faut donner des marques un peu extraordinaires, en portant sur nous le Symbole de saint Athanase, qui contient une declaration de ce que nous devons croire de ce grand Mystere ; & en le mettant sur nôtre cœur avec toute la reverence possible, nous devons avoir l'intention, que tous ses mouvemens soient autant de protestations de nôtre foi, & de la fermeté avec laquelle nous croïons toutes ces grandes veritez.

La voix du cœur se fait entendre par les paroles ; & quoique le Seigneur demande d'estre adoré en silence, il veut neanmoins les loüanges de la bouche : & comme les personnes libres n'auroient pas une devotion parfaite envers cet inéfable Mystere, si elles n'en disoient les Cantiques, dans les occasions où cela se peut facilement; celui dont l'Eglise se sert à la fin de ses Pseaumes, pour donner *Gloire au Pere, au Fils, & au Saint-Esprit, qui ont esté, sont, & seront eternellement*, est tres-propre pour renouveller la devotion de ce Mystere, tant à cause que les paroles en sont courtes, que pour estre si familieres à tout le monde, que personne ne peut les ignorer, ni avoir de pretexte pour ne les pas avoir souvent en sa bouche.

Ce n'est pas encore pleinement satisfaire à la devotion de cet adorable Mystere, de lui rendre nos adorations & nos loüanges, si lors que nous en avons le pouvoir, nous ne procurons que les autres fassent le même, afin de mieux établir cette Devotion. Il faut estre zelé pour lui dresser des Autels; il faut donner l'aumône aux pauvres pour son amour, & les exhorter à prier & à honorer ce Mystere inéfable, & en toutes les occasions à donner des marques, que l'on est entierement consacré à son service.

Si j'ai dit, que c'est une devotion que l'on ne doit pas negliger, de porter sur soi le Symbole de S. Athanase, il ne s'en faut pas étonner, ni prendre cette pra-

tique comme une chose peu considerable; Tout le monde sait que les Chrétiens de la primitive Eglise avoient toujours sur eux l'Evangile de S. Jean, qui se dit à la fin de la Messe. Nous savons qu'autrefois certains Peuples de la Germanie n'alloient jamais au combat sans porter les Images de leurs fausses Divinitez : Nous apprenons encore de l'Ecriture Sainte, que
c. 12. *Judas Macchabée*, aïant donné une bataille aux ennemis des Juifs, quelques-unes des siens étant morts, on trouva sous leurs robes, des offrandes faites aux Idoles; ce qui donna juste sujet de croire, que c'étoit sa cause de leur perte. Ainsi, qui pourroit condamner, comme chose nouvelle ou ridicule, que les Chrétiens aïent toujours sur eux l'Abregé de leur croïance, écrite & signée de leur main? Les personnes qui passent leur vie dans le Celibat, doivent estre ferventes dans la devotion du plus grand de tous nos Mysteres.

Puisque Dieu a tant aimé le monde, que de lui donner son Fils unique, sa volonté n'est autre, sinon qu'il soit connu, aimé & adoré des hommes : C'est donc avec juste raison, que je presente aux Neutralistes pour le second objet de leur devotion, l'Humanité de Jesus-Christ, considerée dans tous les états de sa vie humainement divine, & divinement humaine; c'est pourquoi afin de n'en laisser aucun sans leur rendre une adoration particuliere, il faut regler nôtre temps pour honorer tous les Mysteres que le Sauveur a operé pour nôtre salut.

Tous les jours de nôtre vie appartiennent tellement à JESUS-CHRIST, que nous n'en devons passer aucun sans refléchir sur ce qu'il a fait & enduré pour nous : Il se faut donc proposer un jour en la semaine pour honorer son Incarnation, sa Naissance, & tous les Mysteres de sa tres-sainte Enfance jusqu'à l'age de douze ans. Un autre pour considerer sa vie cachée avec la Vierge & saint Joseph, pendant l'espace de dix-huit ans, sur laquelle les Evangelistes ont gardé un profond silence, n'en n'aïant écrit que ce peu de paroles : *Jesus alloit croissant en age & en sagesse devant Dieu & devant les hommes, & il leur étoit soumis.* Un autre jour doit estre destiné pour mediter la retraite du Sauveur dans le Desert, où il passa quarante jours à jeûner & à prier; à la fin il fut tenté par le diable, & fut servi par les Anges : Aprés quoi étant allé au Fleuve du Jourdain, il fut baptisé par S. Jean. L'on en doit choisir un quatriéme pour contempler la vie exterieure de J. C. lequel pendant trois années a fait tant de prodiges & tant de miracles, en prêchant une doctrine toute celeste, qui est le fondement de la Loi de Grace. Il faut prendre un cinquiéme jour pour honorer & pour mediter sur la Passion & la Mort de nôtre Redempteur, & pour l'accompagner en esprit dans les lieux, où il a souffert tant de douleurs & tant d'infamie. Aprés avoir pleuré sur ses Souffrances & sur sa Mort, nous sommes obligez de prendre un jour particulier pour honorer sa vie glorieuse & triomphante dans les sacrez Mysteres de sa Resurrection, de son Ascension au Ciel, & de sa Séance à la droite de son Pere. Enfin l'amour extrême que ce divin Sauveur nous a porté, aïant esté si puissant, qu'il a voulu demeurer avec nous dans le Saint Sacrement de l'Autel, jusques à la consommation des siecles; il est de nôtre devoir de lui consacrer un jour particulier dans la semaine pour l'adorer caché sous les especes sacramentelles, & pour nous aneantir à la vûë de tant de merveilles. Tous les Mysteres de Jesus-Christ étant renfermez dans la division de ces sept Articles, l'on connoît facilement que c'est pour occuper tous les jours de la Semaine en devotion & en ferveur d'esprit.

Les personnes libres qui prétendent mener une vie reguliere, ne pourront réussir dans cette entreprise, si elles ne sont singulierement devotes à l'incomparable *Marie*, Vierge & Mere de Dieu. S. Bernard, un de ses Favoris, nous exhorte de mettre nôtre confiance en elle, avec des paroles dignes d'estre bien considerées : O tres-heureuse Vierge ! dit ce saint Abbé, que celui-là passe sous silence vôtre misericorde, qui se souvient que vous lui avez manqué, lors qu'il vous a invoquée en sa necessité : Vôtre clemence surpasse toutes vos merveilles ; nous la cherissons ainsi comme étant plus avantageuse aux miserables ; car c'est elle qui a obtenu la reparation du Monde, & le salut du Genre humain ; c'est pourquoi, ô tres-aimable Marie ! on ne vous peut nommer sans estre embrazé de vôtre amour, & on ne sauroit penser à vous, sans ressentir une extrême consolation. Ces paroles sont capables de toucher les cœurs les plus obstinez ; à plus forte raison ceux des personnes qui passent leur vie dans la continence, & qui sont en la protection de la tres-sainte Vierge, d'une façon toute singuliere, afin de l'aimer ardemment, de la prier devotement, & de la respecter humblement.

La Devotion est d'une grande étenduë ; & celle des Neutralistes ne seroit pas accomplie, si elles venoient à negliger la veneration que l'on doit aux Saints que l'Eglise commande d'honorer, afin de les avoir pour intercesseurs auprés de Dieu. Le même S. Bernard nous enseigne quelles choses sont necessaires pour celebrer leur Fête avec fruit : Considerer le pouvoir qu'ils ont auprés de Dieu, imiter l'exemple & la sainteté de leur vie, & reconnoître combien la nôtre en est éloignée ; les prier devotement, nous humilier profondement, & nous conformer à eux [illegible] exactement.

Quoique nous devions honorer tous les Saints, neanmoins nôtre devotion doit estre plus particuliere aux Saints Apôtres & Evangelistes, & à tous ceux qui ont conversé avec JESUS-CHRIST sur la terre ; aux saints Docteurs, lesquels par leurs savans Ecrits ont éclairé & soutenu l'Eglise ; & aux Saints dont la vie a du rapport à celle que doivent mener les personnes qui embrassent le Celibat volontaire, & dont les exemples peuvent leur servir de modelle pour se perfectionner dans cette vocation.

Personne n'ignore que nous possedons une nature intelligente & spirituelle, qui nous approche des Anges, & qui nous fait entrer en leur societé d'une maniere si avantageuse, que la Foi nous oblige de croire, qu'au moment de nôtre naissance Dieu nous en a donné un pour nous servir de protecteur & de guide durant le cours de nôtre vie, & pour nous presenter devant sa Majesté à l'heure de la mort. Nôtre devotion envers ces purs Esprits doit estre bien fervente, puisque le Roi Prophete nous assure, que le Seigneur a commandé à ses Anges de nous porter entre leurs mains, afin que si nous venions à tomber, nous n'en recevions aucun dommage. Ps. 90.

Saint Gregoire le Grand dit à ce sujet, qu'avant que nôtre Sauveur eût pris naissance selon la chair, nous étions en discorde avec les Anges; mais que depuis que nous l'avons reconnu pour nôtre Roi, ils nous ont aussi reconnu pour leurs Associez; ce qui montre aux personnes libres, qu'elles doivent, à raison de l'innocence de leur vie, avoir de l'affinité, & s'entretenir avec les Anges.

Aprés des objets si capables d'occuper nos esprits, & de charmer nos cœurs, ne seroit-ce pas une chose étrange, si nous demeurions sans lumiere & sans devotion? Neanmoins comme il arrive souvent, que la vie spirituelle a ses dégouts & ses difficultez, il faut se souvenir que quelquefois Dieu les permet pour nous éprouver, & d'autres fois pour nous punir de nôtre negligence à son service. Car tout ainsi que l'on peut faire mourir un homme, en lui ôtant la vie, ou en lui refusant les alimens qui sont necessaires pour la conserver; ou que l'on peut éteindre une lampe, en la souflant, ou en cessant d'y mettre de l'huile: de même la Devotion se perd par deux moïens; l'un, qui est le Peché mortel, nous prive de la Grace; l'autre, qui est une froideur spirituelle, laisse l'esprit sec & vuide des choses saintes, & tout rempli de celles du monde.

Puisque les personnes qui vivent dans la continence, font aussi profession de devotion, elles se doivent prescrire des exercices de pieté pour les pratiquer indispensablement; de sorte que jamais elles ne manquent à tous leurs devoirs, soit d'Oraison mentale, soit de Prieres vocales, soit de lecture, & autres Pratiques, qui entretiennent la vie interieure & spirituelle.

CHAPITRE IV.

De la Penitence.

NOus apprenons de S. Thomas, que les Sacremens de la Loi ancienne ont esté les figures de ceux de la Loi nouvelle. La Circoncision representoit le Baptême; l'Agneau Paschal, l'Eucharistie; & les Purifications legales, la Penitence: Tous ces Sacremens appartenoient au Peuple, aussi-bien qu'aux Prêtres & aux Levites; avec cette difference, que ceux-ci étoient établis dans le Sacerdoce par une consecration publique & solemnelle qui les distinguoit des Laïques, & qu'en la manducation de l'Agneau Paschal ils se servoient des Pains de Proposition. Toutes ces pratiques & ces ceremonies avoient des causes justes & tres-saintes, ou litterales, mystiques, ou significatives: Jusques ici ce sont les paroles de ce grand Docteur, dont l'application se doit faire au sujet du Sacrement de Penitence, & de celui de l'Eucharistie, qui sont donnez aux Chrétiens, afin qu'ils s'en approchent avec esprit, attention & reverence, s'ils veulent recevoir les graces qu'ils conferent aux ames bien disposées.

1. 2. q. 102. ar. 5.

Comme la vie des personnes libres est fort retirée, l'usage des Sacremens leur doit estre plus frequent, leur salut y étant particulierement attaché; neanmoins on peut y tomber en de grands défauts, parce que les choses qui sont ordinaires & familieres, se tournent facilement en coutume; c'est pourquoi afin d'éviter les abus que l'on peut commettre dans le Sacrement de Penitence, il faut considerer trois choses: La premiere, l'obligation que nous avons de nous confesser souvent; la seconde, les biens & les maux, l'utilité & les pertes que l'on en reçoit, selon les bonnes ou mauvaises dispositions que l'on y apporte; & la troisiéme, c'est la victoire que l'on obtient sur soi-même, en surmontant les difficultez que l'on experimente à declarer ses pechez.

Je ne m'arrête point à parler des trois Parties du Sacrement de Penitence, qui sont la Confession; la Contrition, & la Satisfaction, parce qu'il n'y a personne si peu instruite dans les maximes du Christianisme, qui ne puisse répondre pertinemment sur ces Articles.

C'est une commune croïance entre les Catholiques, que la Confession Sacramentelle leur est d'une étroite obligation; parce que non seulement elle est d'Institution ecclesiastique, mais encore de Precepte divin : La même puissance que JESUS-CHRIST donna à S. Pierre, & à ses successeurs, de remettre les pechez, ordonne aux Fideles de s'accuser de ceux qu'ils auront commis.

La Confession, en tant que Sacrement, ne pouvoit tomber sous l'autorité de l'Eglise, disent les Theologiens, dautant que ce n'est pas à elle d'établir les Loix fondamentales du Christianisme ; cette puissance étoit attachée à la personne de JESUS-CHRIST, auquel seul il appartenoit d'ordonner des Sacremens, & d'en regler le nombre. L'Eglise reconnoît si fort que la Confession Sacramentelle est d'institution divine, que les Ordonnances qu'elle fait pour la perfection de ses enfans, quant à l'usage de la Penitence, ne sont établies que par rapport à la volonté de nôtre Seigneur, & au commandement qu'il nous en a fait.

Pour nous encourager à une declaration aussi penible que celle qu'il faut faire de nos pechez à un homme mortel, Dieu nous a voulu apprendre par plusieurs Passages de l'Ecriture, combien cette humble Confession lui est agreable, & les grands avantages que nous en retirons : *Celui qui cache ses pechez, ne prosperera point*, dit le Sage en ses Prover- Ch. 27.

bes; *mais celui qui les confessera, obtiendra misericorde, s'il travaille à s'en corriger.* Et dans l'Ecclesiastique : *Ne soïez pas honteux de confesser vos pechez, mais prenez garde à ne le point faire indifferemment à toutes sortes de personnes, & ne demeurez pas en l'erreur des méchans, de crainte de mourir dans l'énormité de vos crimes. Car la Confession du mort perit, comme s'il n'étoit rien; c'est pourquoi prenez garde à vous confesser, pendant que vous êtes en santé avec une parfaite liberté de vôtre esprit & de vos sens, & vous glorifierez le Seigneur en sa misericorde.*

c. 4. & 17.

David, ce saint Roi, nous enseigne en plusieurs endroits de ses Pseaumes, l'obligation de confesser nos fautes, quand il dit : *Je confesserai mes pechez au Seigneur, & j'avoûrai franchement les ignorances de ma jeunesse.*

Saint Jean nous exhorte à declarer nos pechez, par des paroles dignes d'estre bien considerées : Si nous sommes accu-» sateurs de nous mêmes, dit-il, Dieu » est fidele & juste pour nous pardonner » nos iniquitez ; car nous avons pour » Avocat envers le Pere, JESUS-CHRIST, » le Juste, qui s'est rendu favorable pour « pardonner nos pechez.

Ep. 1. c. 1. & 2.

L'Apôtre S. Jacques nous avertit encore de l'obligation de la Confession, lors qu'il dit : *Confessez-vous l'un à l'autre, & priez ensemble, afin que vous soïez sauvez ; & si vous êtes malade & infirme, appellez les Prêtres de l'Eglise pour prier sur vous, & vous oindre d'huile au nom du Seigneur, qui vous pardonnera les pechez que vous avez commis.* Ch. 5

Ce n'est pas assez d'avoir montré l'obligation que nous avons d'approcher de ce Sacrement de Penitence, il faut encore considerer les biens qu'on en retire, lors que l'on se dispose serieusement pour se confesser, qui est le second point que je me suis proposé en ce Chapitre.

La misericorde de Dieu est tres-grande, dit le Sage, quand il pardonne à ceux qui se convertissent à lui ; car il dissimule les pechez des hommes à cause de leur penitence. Aussi n'est-ce pas sans raison, que les Savans ont tant loüé les personnes qui s'approchent de ce Sacrement avec les dispositions necessaires pour se reconcilier avec Dieu : Il semble même que JESUS-CHRIST ait préferé les Pecheurs fervens aux Justes negligens & tiedes. Saint Augustin, & d'autres Peres de l'Eglise, nous assurent que S. Pierre aprés avoir renoncé JESUS-CHRIST jusqu'à trois fois, meritoit justement d'être privé de la dignité, à laquelle le

Eccles. c. 24. Sap. c. 11.

Sauveur l'avoit élevé, si par une triple Confession d'un repentir veritable, & d'un amour sincere, il n'avoit effacé ce triple reniment, dont il avoit scandalisé ses Freres, & offensé son Maître; ce qui fit qu'il le confirma dans ses Privileges, le nommant le Prince de ses Apôtres, & le Chef de son Eglise.

Non seulement Dieu pardonne au Pecheur qui fait penitence, mais encore il le reçoit pour ami; c'est ce qu'il nous apprend, lors qu'il dit par un Prophete: *Prenez courage, & criez au Seigneur, parce que tout ainsi que vous l'avez abandonné de vôtre pleine liberté, il faut retourner à lui, & le chercher dix fois autant que vous vous en étes éloigné. Et comme il a fait venir les maux sur vous lors que vous l'avez offensé, il vous comblera d'une joïe éternelle, si-tôt que vous serez converti à lui.* Et par Malachie il dit encore: Je leur pardonnerai comme le pere pardonne à son fils bien-aimé: & si-tôt qu'ils seront convertis, ils verront la difference qu'il y a entre le Juste & l'Infidele, entre celui qui aime Dieu, & celui qui ne l'aime pas.

Baruch. c. 4.

Ch. 3.

On ne sauroit jamais comprendre l'amour que Dieu porte au Pecheur converti: Si cette Nation fait penitence de ses pechez, dit-il par Jeremie, je me

repentirai du mal que j'avois resolu de « *Ch. 8.*
lui faire ; je changerai ma justice en «
misericorde, & mes vengeances en fa- «
veurs. Et pour nous encourager tou- «
jours davantage à aimer la Penitence, l'Ecriture nous la represente comme une source inépuisable de benedictions, lors qu'elle dit par le Prophete Zacharie : « *Ch. 13.*
Il y aura une fontaine ouverte en la «
Maison de David, pour les habitans «
de Jerusalem, afin de laver les pe- «
cheurs. «

Aprés tant de graces, dont la Penitence est accompagnée, il ne faut pas s'étonner si ses regrets sont sans chagrin, sa tristesse sans ennui, & sa douleur sans abattement; & si elle rend l'esprit promt & diligent, l'aïant comblé d'un plaisir qui surpasse les sens, parce qu'il se fait sentir dans le cœur & dans le fonds d'une conscience devenuë tranquille par le moïen de la Confession. C'est par ce Sacrement qu'une ame reconciliée avec Dieu, n'est plus dans l'apprehension de sa juste colere; car encore qu'elle craigne, c'est d'une maniere filiale, & si pleine de confiance, que le trouble n'y sauroit avoir entrée.

Combien de graces reçoivent les personnes qui s'approchent souvent du Sacrement de Penitence, puisque non seulement il en a de communes & d'universelles, comme les autres, mais encore il en a de particulieres, qui lui sont tellement propres, qu'elles ne peuvent estre communes aux autres Sacremens. Cette faveur singuliere que l'on reçoit dans la Confession, consiste en l'absolution des pechez, & dans une force qui resiste au mal dans les occasions qui se presentent pour le commettre. S'il arrive que l'on y tombe sans resistance, c'est un signe que la Penitence n'est pas veritable, & que l'on ne profite pas de la grace du Sacrement. La Confession sans amendement est plûtôt une redite importune, qu'une vraïe penitence ; c'est pourquoi il est dit dans l'Ecriture : *Malheur à ceux qui pechent en esperance, & qui se promettent tant de la misericorde de Dieu, qu'ils negligent de bien vivre.*

Ecoutez, Personnes dégagées, écoutez avec crainte, les paroles de S. Paul : *O Homme ! pourquoi méprises-tu les richesses de la patience & de la longue attente du Seigneur, ne connoissant pas que la benignité de Dieu t'amene à la penitence?* Ecoutez encore avec respect, celles

Sess. 7. » du Concile de Trente, qui nous avertit » que c'est par les Sacremens que toute » vraïe justice commence, qu'étant com» mencée elle s'augmente, & qu'étant

perduë, elle se repare : c'est pourquoi «
si quelqu'un dit, que les Sacremens de «
la Loi nouvelle ne contiennent pas la «
grace qu'ils signifient, & ne la con- «
ferent pas à ceux qui n'y mettent point «
d'empêchement, qu'il soit anathême, «
& separé de l'Eglise. «

Puisque le Sacrement de la Confession est d'une necessité pour estre sauvé, lors qu'on est tombé dans le peché mortel, & qu'on reçoit par son moïen tant de graces de Dieu ; on peut facilement comprendre que de si grands bienfaits ne sauroient s'acquerir sans beaucoup de peine ; & c'est la troisiéme chose que j'ai à montrer en ce Chapitre.

Rappeller sa vie passée dans l'amertume de son ame, la découvrir à un homme mortel, & recevoir de lui le châtiment qu'il nous veut imposer, sont trois choses capables de rendre la Confession si pénible, que jamais l'on ne pourroit s'y soumettre sans le commandement de JESUS-CHRIST, qui nous y oblige, & si l'Eglise n'en avoit fait un de ses preceptes.

De toutes les choses fâcheuses, qui peuvent tomber sous les sens, il est difficile de s'en imaginer de plus rudes, que celles qui sont renfermées en ces trois articles ; car premierement on ne peut rien experimenter de plus pénible, que de repasser en son esprit tous les pechez que l'on a commis, le nombre, les circonstances, & toutes les suites, & réflechir en soi-même sur tout ce qui peut causer de la douleur ; car plus le peché est agreable en le commettant, plus le souvenir en doit estre affligeant & amer.

Ensuite il faut faire la declaration de tout ce qu'il y a de plus caché dans sa conscience : mais il faut que ce soit avec des sentimens si humbles & si contrits, que cette accusation de ses pechez, faite à un Prêtre, nous couvre d'une salutaire confusion.

L'accomplissement de la Penitence enjointe est quelquefois aussi fâcheux que le souvenir de nos desordres, & que l'accusation de nos pechez ; car restituer l'honneur ou le bien d'autrui, s'abstenir des conversations agreables, se priver des choses, qui donnent du plaisir, se soumettre à faire penitence ; tout cela ne se peut executer sans se mortifier, & sans se faire une extrême violence à soi-même.

Comme les personnes qui passent leur vie dans le Celibat volontaire, s'approchent plus souvent du tribunal de la Confession ; elles experimentent aussi plus souvent les difficultez que l'on y souffre,

& par ce moïen elles peuvent remporter de frequentes victoires sur elles-mêmes : car bien que leur vie doive estre si innocente, que les pechez énormes ne sont pas seulement de leur connoissance, si ce n'est pour en avoir de l'aversion ; neanmoins elles se rendent si zelées à pratiquer la penitence, que jamais elles ne la negligent pour aucune difficulté.

Si les lumieres de leur esprit ne sont pas assez pénetrantes pour connoître la maniere dont il faut accuser ses pechez ; elles pourront se servir de la lecture des Livres, qui traitent des Cas de conscience, & de la maniere de se bien confesser.

C'est à vôtre bonté, Seigneur, dit saint Augustin, que j'attribuë la gloire d'avoir dissipé mes pechez, comme un amas de glace & de neige, qui se fond par les raïons du Soleil : je reconnois aussi comme un effet de vôtre Grace tous les pechez que je n'ai pas commis ; & pour effacer tous ceux de ma vie, donnez-moi, Seigneur, une source de larmes au dessus de moi, qui viennent de la consideration de vôtre Majesté offensée ; & une source au dessous, qui prenne son cours de la réflexion des miseres, ausquelles je suis sujet par le peché. *Conf. & Medit.*

CHAPITRE V.

Du choix d'un Directeur.

C'EST une coutume si ordinaire entre les personnes spirituelles, de prendre la conduite d'un Directeur, que si-tôt qu'elles se proposent de mener une vie plus reguliere, la premiere chose est de choisir un guide, afin de ne se point égarer dans un chemin rempli de dangers, quoiqu'il n'ait que les apparences de la vertu : car les pieges que nous tendent les ennemis de nôtre salut, sont d'autant plus à craindre, qu'ils sont cachez sous le voile de la pieté.

On auroit sujet de s'étonner, si aprés avoir proposé le Celibat comme une vocation separée du libertinage, je ne proposois à ceux & à celles qui l'embrassent, la direction d'un homme savant, vertueux & zelé, afin de recevoir ses lumieres, & de suivre ses avis. Entre tous les états qui se voïent dans le monde, il n'y en a point, où cette pratique soit plus necessaire, que dans la vie libre : dans le Cloître on ne manque jamais de Superieurs pour se conduire, & dans les Familles seculieres, il y a toûjours un Maître

Maître pour ordonner toutes les choses exterieures, & pour prendre garde qu'il ne s'y glisse du déreglement. Les seules personnes dégagées sont abandonnées, pour ainsi dire, à leur propre conduite : mais quoique leur volonté se porte à la vertu, & que toutes leurs actions soient reglées : il faut neanmoins jetter les fondemens de la vie spirituelle, sur les principes de l'humilité & de la méfiance de soi-même ; par le choix d'un habile Directeur, capable de conduire les ames dans la voïe du salut.

Les choses qui ne sont point honorables d'elles-mêmes, le deviennent si-tôt que la vertu se met de leur parti, dit Seneque ; & tout ce qu'on fait de plus indifferent, passe pour juste, lors qu'une personne de merite y donne son approbation. S. Jerôme nous confirme cette verité, lors qu'écrivant à quelques-uns de ses Amis, pour leur recommander sa Sœur, il leur parle en ces termes : *Vous savez bien que l'esprit d'une fille se fortifie beaucoup, quand elle sait que des personnes capables prennent soin d'elle.*

Si nous pouvons prendre conseil des choses passées pour regler les presentes, & prévoir celles qui sont à venir ; nous serons bien-tôt persuadez par une infinité de raisons & d'exemples, de la necesſité de choiſir un homme de probité, pour conduire & pour corriger nôtre vie, dautant que nous verrons que pluſieurs perſonnes ſe ſont perfectionnées par ce moïen.

Preſque tout le monde eſt perſuadé de cette importante verité, que pour ſe convertir à Dieu, il faut faire choix d'un Directeur, qui prenne ſoin de nôtre conduite : mais tres-peu de perſonnes ſavent diſcerner les qualitez neceſſaires à ceux qui ſont deſtinez pour un ſi grand emploi, & la maniere dont il ſe faut comporter envers les hommes, qui nous doivent éclairer dans nos ignorances, nous affermir en nos doutes, nous relever de nos chûtes, nous ſoulager de nos peines, & nous ſupporter, lors que nous ſommes ſans appui.

Un parfait Directeur eſt obligé de rendre tous ces bons offices aux perſonnes, qui ſe mettent ſous ſa conduite, par une confiance particuliere. C'eſt auſſi pour cette raiſon, qu'ils ſont appellez du nom de *Peres*.

Si l'on n'a pas aſſez de bonheur, ou aſſez de vertu pour avoir de ces Peres affectionnez, qui conſolent dans les peines, qui ſoulagent dans les neceſſitez, qui ſervent dans les affaires, & qui défendent dans les perſecutions ; nous devons au moins tâcher d'en avoir, qui corrigent nos défauts, & qui procurent nôtre avancement spirituel : & si par malheur nous n'en trouvons point de cette façon, nous devons tout attendre de la Providence, dont les soins sont particuliers sur les personnes, qui sont entierement privées de tous les secours humains.

Les Stoïciens enseignoient, que chacun des hommes en particulier avoit un Genie, qui lui servoit de conduite, les plus sublimes Divinitez aïant donné à chacun un Dieu pour estre le Maître & le Conducteur de leur vie. Nous pouvons faire application de cette Doctrine profane à nôtre sujet : puisque veritablement les hommes savans, vertueux, zelez, & discrets, sont, pour ainsi dire, des Divinitez humaines, destinées à la conduite & à la direction des autres ; c'est pourquoi les personnes libres en doivent choisir de pareils, si elles desirent s'avancer en la perfection. Je ne croi pas exagerer en portant si haut le merite des Directeurs capables ; parce que la science, la vertu, & la discretion sont des qualitez, qui rendent les hommes parfaits dans la vie spirituelle & interieure.

Seneque, Ep. 110.

Tout le monde sait que la science est

absolument necessaire à ceux qui s'attachent à la conduite des Ames ; les Theologiens étant établis pour l'instruction des Fideles, & pour l'éclaircissement des Cas de conscience. C'est pourquoi saint Jerôme écrivant à une sainte fille, lui » donne cet avis : Si vous avez quelque » doute sur l'Ecriture-Sainte, faites choix » d'un homme savant, de bonnes-mœurs, » & dont l'age ne fasse rien soupçonner » de mauvais, afin de lui proposer vos » difficultez ; & si vous n'en trouvez » point d'une probité si entiere, il vaut » mieux que vous ignoriez plusieurs cho» ses en assurance, que de les apprendre » avec peril. Car de même que le Voïageur qui entreprend une longue navigation, cherche les meilleurs Pilotes ; & que le malade qui desire la santé, consulte les plus experimentez Medecins ; ainsi les personnes zelées du salut de leurs ames, doivent s'adresser aux plus habiles de cet Art.

Il est de la prudence de s'en rapporter à un chacun en son Art, lors qu'il est capable, & que nous avons besoin de ses lumieres ; afin de ne nous pas tromper en prenant le bien pour le mal, & le mal pour le bien : car il n'appartient qu'aux personnes éclairées d'en faire le discernement, pendant que les ignorans les confondent & les prennent ſouvent l'un pour l'autre.

Ce n'eſt pas ſeulement la ſcience, que les perſonnes libres doivent chercher en leurs Directeurs pour en eſtre plus éclairées en leur conduite ; la vertu & les bonnes-mœurs ſont encore requiſes, afin qu'elles ſoient édifiées par leurs bons exemples, qui touchent beaucoup mieux que les paroles. La bonne reputation eſt ſi neceſſaire aux perſonnes qui conduiſent les autres, qu'une partie de la perfection de leurs Penitens y eſt attachée, à cauſe qu'ils ſont plus ſoûmis & plus affectionnez, lors qu'ils reconnoiſſent la vertu de ceux qui les conſeillent. Au lieu que le moindre ſcandale où tombent les Savans, porte un grand préjudice aux perſonnes qui les conſultent. S. Jerôme dit à ce ſujet, que nous devons apprehender, que ceux qui ſont nos guides dans le droit chemin, ne ſoient nos compagnons dans le déreglement.

La victime que l'on preſentoit en la Loi ancienne, pour ſatisfaire aux pechez que l'on avoit commis, étoit un Sacrifice qui s'appelloit *Propitiatoire*, à cauſe que par ſon moïen on obtenoit le pardon de ſes crimes. Les ceremonies qui s'obſervoient en ces occaſions, meritent d'eſtre conſiderées, dautant qu'une partie de la Victime étoit offerte au Seigneur, l'autre étoit reservée pour les Prêtres; afin de nous apprendre, que si le pardon de nos pechez étoit un effet de la puissance & de la misericorde de Dieu, cette faveur nous seroit accordée en la Loi nouvelle par le ministere des personnes sacrées.

Ceux qui passent leur vie dans le Celibat volontaire, sont autant de victimes qui doivent s'immoler à Dieu; & leur sacrifice doit estre presenté par le moïen d'un Directeur spirituel, auquel la Providence a voulu soumettre nôtre conduite: car c'est par leur esprit & par leur sagesse, qu'ils doivent regler la maniere de faire ce sacrifice, & de presenter cet holocauste à la Majesté divine.

La prudence est tellement necessaire aux Directeurs, que c'est une opinion universelle, qu'il n'appartient qu'aux Sages de gouverner les autres, parce qu'il faut estre tout-à-fait moderé pour regler les exercices, corriger les desordres, dissimuler les foiblesses, soulager les peines, servir de Pere, de Maître, & de Défenseur aux personnes, qui se sont mises sous leur conduite.

Le Sauveur du monde a donné de grands Preceptes à ses Apôtres, pour leur apprendre la maniere de bien conduire les ames ; lors que par une comparaison il leur fait connoître, qu'il ne faut point faire un mélange confus & indiscret des choses vieilles & usées avec les neuves, ni des fortes avec les foibles. C'est ce qui fait dire à Saint Jean Chrysostome dans son explication de l'endroit de cet Evangile, que les Disciples de JESUS-CHRIST, n'étant pas encore parfaits, avoient besoin qu'on eût pour eux beaucoup de condescendance, de crainte d'accabler leur foiblesse d'un trop grand nombre de preceptes : c'étoit aussi pour leur donner une regle importante, afin que quand ils auroient eux-mêmes la conduite des ames, ils les traitassent avec douceur & avec moderation, pour imiter celle dont le Seigneur avoit usé envers eux.

Sem. 30. sur saint Math.

Puisque saint François de Sales nous avertit dans son *Introduction à la Vie devote*, qu'il faut choisir un Directeur entre dix mille ; il est facile de comprendre, qu'il doit estre tres-parfait. Les personnes libres ne se méprendront pas en ce choix, si elles suivent la description qu'en a fait S. Bernard, quand il dit, que le « Directeur doit estre savant, religieux, « & zelé en l'amour de Dieu selon la « science, à cause que la religion indis- « crete fait plus de mal que de bien : Il «

» doit estre devot, afin d'élever à Dieu
» les mains pures, & prier pour les pe-
» cheurs en toute assurance; & sur-tout
» il doit prendre garde à ne point reve-
» ler ce qu'il aura appris, non seulement
» dans le secret de la Confession, mais
» encore dans les Conferences particu-
» lieres; & s'il en étoit interrogé, il ne
» doit jamais rien avoüer à ceux qui lui
» en feroient la demande. Il ne doit point
» mépriser ceux qui lui découvrent leurs
» foiblesses; jamais il ne doit faire un
» mauvais jugement de la vie du Peni-
» tent pour l'avenir, sur celle qu'il au-
» roit menée par le passé. Jusques ici sont les paroles de S. Bernard, par lesquelles chacun pourra connoître le caractere du Directeur, qu'il doit choisir pour sa conduite.

CHAPITRE VI.

Sur le même Sujet.

SI par un bonheur aussi desirable qu'il est grand & avantageux, les personnes libres trouvent un Directeur savant & de bonnes mœurs, prudent & affectionné; qu'elles s'adressent à lui pour remettre le soin de leur ame, & la conduite

duite de leur vie entre ses mains ; & qu'en même temps elles se disposent à lui rendre trois sortes de devoirs, l'estime, la confiance, & la soumission : car si elles ne sont animées de ces sentimens, jamais elles ne joüiront des biens, que l'on peut justement esperer d'une bonne conduite & d'une sage direction.

C'est une chose certaine, que sans l'estime que l'on doit avoir pour ces Maîtres de la vie spirituelle, on ne sauroit jamais s'y confier, ni estre soumis à leur conduite : l'état qu'on fait d'une personne, est la source de la liberté qu'on prend de lui découvrir ses fautes les plus cachées, ses inclinations les plus secretes, ses ennuis les plus fâcheux, & ses affaires les plus importantes.

Aprés une connoissance bien établie du merite de la personne, dont on recherche la conduite, la conversation en est agreable, & les commandemens deviennent doux & faciles, à cause que l'on se persuade qu'ils partent d'une raison & de motifs si justes, qu'on ne sauroit leur refuser sa soumission. Il n'y a rien de plus raisonnable, que l'estime qu'on doit aux Directeurs des Ames, que J. C. a établis comme les causes ministerielles de leur justification, & comme des moïens qui lui servent pour leur communiquer ses graces.

La confiance est si necessaire dans la vie spirituelle, que sans elle inutilement fait-on choix d'un homme capable pour son Directeur, puisque ce n'est qu'en apparence qu'on le tient en cette qualité. Cette pratique étant des plus mal-aisées, il se faut faire violence pour lui declarer ses dispositions interieures, soit bonnes ou mauvaises, sa maniere de vivre, ses passions dominantes, & les differens accidens, dont la vie humaine est traversée.

C'est tres-peu de chose que de demander & de recevoir des avis, si l'on ne travaille à les mettre en pratique: la soumission que l'on doit avoir pour les Directeurs, est d'une telle consequence, qu'il est mal-aisé d'avancer en la Perfection chrétienne, sans cette obéïssance. C'est ce qui fait dire à S. Bernard, que *celui qui ne veut pas donner la main au Conducteur, la presente au Seducteur.* Comme s'il vouloit nous faire entendre, que c'est s'écarter du chemin de la vertu, & se précipiter dans celui du vice, que de ne pas estre soumis à la Direction d'un Maître spirituel.

Sur le Cantique Ser. 77.

C'est la conduite ordinaire de la Providence de se servir de ces Esprits éclai-

&c pour diriger les Ames. Nous devons remarquer cette conduite par l'exemple de S. Paul, dont la Conversion miraculeuse n'a pas empêché qu'il n'ait suivi cette Direction spirituelle. Nôtre Seigneur lui aïant commandé d'aller trouver *Ananias*, pour apprendre de lui ce qu'il devoit faire dans ce changement de vie, ce grand Saint, aprés avoir esté ravi jusques au troisiéme Ciel, où il avoit appris des choses ineffables, que l'œil ne peut voir, ni l'oreille entendre, est envoïé à un homme, qui lui étoit inferieur en lumieres, afin de recevoir de lui les instructions necessaires pour le confirmer en la Foi, dont il avoit appris les mysteres dans le Ciel même. *Act. c. 9.*

Cette obéïssance est le sacrifice que le Seigneur demande des personnes, qui passent leur vie sans engagement ; car il n'est pas juste qu'elles soient privées du merite de l'obéïssance, que l'on pratique dans les autres vocations : elles ne sauroient remporter une plus grande victoire sur elles-mêmes, que de soûmettre leur volonté à celle d'un Pere spirituel pour l'amour de Dieu.

Saint Thomas nous apprend, que si la Loi ancienne étoit plus pénible dans la multitude de ses commandemens ; la Loi de Grace est plus difficile dans la maniere *1. 2. qu. 102. art. 4.*

d'accomplir ses Préceptes, à cause qu'ils ont pour but la destruction de la volonté propre. L'Evangile nous engage à reprimer nos sentimens les plus cachez, & à pratiquer les vertus les plus sublimes, entre lesquelles il n'y en a point de plus mal-aisée à pratiquer, que l'obeïssance, dont nous parlons.

Si les Neutralistes sont assez heureuses pour trouver des Directeurs, qui soient doüez des grandes qualitez, qui leur sont necessaires, & qui soient affectionnez à leur conduite; elles ne manqueront pas de les considerer comme des Lieutenans du Seigneur, qui s'en sert pour les porter à lui: Elles prendront bien garde à trois choses: la premiere, à ne point avoir de respect humain: la seconde, à ne point rechercher de satisfaction sensible; & la troisiéme, à ne se point attacher à ses Maîtres spirituels.

Les personnes qui embrassent le Celibat volontaire, aïant une obligation particuliere de vivre sans attachement; ce seroit une chose fort étrange, si leur liberté interieure étoit entraînée par des affections humaines, quelque specieuses & spirituelles qu'elles pussent estre,

CHAPITRE VII.

De la Communion.

DANS la primitive Eglise les Chrétiens étoient si fervens dans l'amour de JESUS-CHRIST, qu'ils communioient presque tous les jours: mais comme cette grande ardeur vint à se refroidir, il falut emploïer les Preceptes pour renouveller la devotion des Fideles; & c'est une loi pour tous les Catholiques, de communier au moins une fois l'an. Le Concile de Trente non seulement a témoigné son zele pour la Communion annuelle; mais encore il a souhaitté qu'il y eût des Communians aux Messes, qui se disent tous les jours; voulant que ce benefice soit distribué, de maniere qu'il se trouve toujours quelqu'un qui soit disposé à le recevoir. Cette pratique se garde en plusieurs Communautez Religieuses, où l'on communie par tour, afin que chacun participe à ce bienfait; & même dans la vie seculiere la Communion est fort en usage.

Si l'on voit tous les jours des personnes engagées dans les affaires du siecle, communier assez souvent; combien doivent avoir de zele celles qui passent leur vie dans le Celibat volontaire ? Quelle ferveur ne doivent-elles pas avoir pour s'approcher de ce divin Sacrement : mais aussi quelle crainte ne doit pas entrer dans leur ame, si elles considerent les terribles paroles de S. Paul, que *celui qui communie indignement, reçoit sa condamnation ; & qu'il faut s'éprouver soi-même, avant que recevoir le Corps & le Sang du Seigneur.*

Pour n'estre pas en danger de faire des Communions indignes, nous devons considerer trois choses : les merveilles de cet adorable Sacrement, les dispositions necessaires pour le recevoir ; & les fruits que l'on en retire en communiant dignement.

Nous apprenons des Theologiens, que les Sacremens contiennent la grace, qu'ils signifient, & la communiquent à ceux qui n'y mettent point d'empêchement : ce sont des signes sacrez, qui renouvellent la memoire de la Passion de JESUS-CHRIST, ils nous communiquent sa grace, & nous font esperer la gloire. Si tous les Sacremens en general renferment la grace, & la donnent en tant que Sacremens, chacun en particulier en contient une, qui lui est tellement attachée, qu'elle ne peut appartenir aux autres. La grace du Baptême n'est pas la même que celle qu'on reçoit dans la Penitence ; & celle qui nous est donnée par la Confirmation, est autre que celle que nous recevons par l'Extrême-Onction, que l'on donne à la fin de la vie.

Le S. Sacrement de l'Autel renferme non seulement une grace particuliere comme les autres ; mais il contient l'Auteur de la grace & de la gloire ; & c'est par cette raison qu'il est appellé *Eucharistie.* Comme ce Sacrement surpasse les autres en dignité, on lui donne aussi plusieurs noms, pour nous faire connoître les grands mysteres qu'il comprend. Comme Sacrifice, il nous represente la Mort & la Passion de JESUS-CHRIST, qui s'est immolé à Dieu son Pere sur la Croix, pour racheter le Genre humain. Comme Viatique, il nous sert de nourriture & de force spirituelle durant le cours de nôtre pelerinage. Il est appellé *Communion*, à cause qu'il nous communique la paix interieure ; & que nous unissant à lui, il nous fait vivre en concorde avec nôtre prochain, & dissipe les troubles, que nous ressentons en nous-mêmes.

Nous avons plusieurs figures en la Loi ancienne, qui nous representent cet ineffable Sacrement. La Manne renfermée dans l'Arche d'alliance, nous apprend cette verité ; & si le Peuple de Dieu avoit tellement mis sa confiance en cette Arche portative, qu'il croïoit par son moïen estre en assurance contre ses Ennemis, nous avons beaucoup plus de raison d'estre fermes & assurez par la presence & par la reception de cet auguste Sacrement.

Moïse avoit coutume de dire, lors que l'Arche sortoit d'un lieu pour estre portée dans un autre : *Levez-vous, Seigneur, afin que vos Ennemis soient dissipez ; & que ceux qui nous haïssent, soient confus, & s'enfuïent devant vous.* Combien nous autres Chrétiens avons-nous de sujet d'affermir nôtre esperance, & de recourir aux Autels en tous nos besoins ; puisque nous possedons la réalité, au lieu que le peuple choisi n'avoit que la figure ?

Ps. 78. Le Roi Prophete nous assure, que Dieu a nourri l'homme du pain des Anges ; & s'il entendoit parler dans le sens litteral de la Manne, dont les Israëlites furent rassasiez dans le Desert ; dans le sens allegorique & mystique il parloit du tres-saint Sacrement de l'Autel. Tous les sacrifices, les oblations, & les holocaustes de la Loi ancienne en étoient des representations & des signes ; & le Sauveur du monde l'a institué lui-même la veille de sa mort dans le celebre Souper qu'il fit à ses Disciples, où il les communia aprés avoir consacré le pain & le vin par ces divines & mysterieuses paroles : *Ceci est mon Corps & mon Sang.* S. Matth. c. 26. &c. Et pour nous encourager davantage à communier, il dit encore : *Je suis le Pain vivant, descendu du Ciel : Si quelqu'un mange de ce Pain, il vivra éternellement.* S. Jean, c. 6. *Si vous ne mangez la Chair du Fils de l'Homme, & ne beuvez son Sang, vous n'aurez point la vie : C'est pourquoi celebrez ce grand Mystere en memoire de moi.* S. Luc, ib. 29.

Aprés une institution si authentique, il ne faut pas s'étonner si le Roi Prophete appelle le Sauveur, *Grand Prêtre selon l'ordre de Melchisedech* ; Ps. 109. & si S. Paul le nomme *Souverain Pontife des biens à venir* : puisque son dessein n'est autre, que de nous faciliter les moïens pour arriver à la vie éternelle. « Car ce n'est « pas un Pontife choisi d'entre les hom- « mes, comme dit le même Apôtre, pour « offrir des dons & des sacrifices pour « les pecheurs, étant eux-mêmes envi- « ronnez d'infirmitez : mais c'est un Pon- « tife saint & innocent ; il est lui-même « le Sacrificateur & la victime, il reçoit « l'offense, & pardonne le crime ; & par Hebre. c. 9.

» une bonté inconcevable, il se donne
» en viande & en breuvage pour la nour-
» riture des pecheurs, qui l'offensent
» tous les jours.

Pour faire de si grands & de si prodigieux miracles, le Seigneur force, ou pour mieux dire, aneantit les loix de la Nature, en soutenant les accidens sans leur substance : il se trouve en même temps sous les especes sacramentelles en autant de lieux, qu'il y a de Ministres legitimement ordonnez, qui disent la Messe. Cette invention merveilleuse de l'Amour divin ne pouvoit venir que d'une Sagesse infinie, ni s'executer que par une puissance, à laquelle rien ne peut resister.

C'est dans cet ineffable Sacrement, que Dieu fait éclater ses divins Attributs, & que par des miracles dignes de sa Grandeur il exerce nôtre foi, laquelle, selon S. Paul, est *une assurance des choses qu'on ne voit point, & le soutien de celles qu'on espere.* Comme c'est par la Foi que les anciens Patriarches & les Prophetes ont esté sauvez ; maintenant nous autres, nous connoissons Dieu par la même Foi : car sans ce don precieux il nous seroit impossible de croire les grandes veritez de la Religion chrétienne, & sur-tout celle du tres-Saint Sacrement de l'Autel.

Puiſque cet adorable Sacrement eſt un myſtere de Foi, qui ſurpaſſe toutes les lumieres de la raiſon humaine, & toute l'intelligence des Eſprits angeliques, il ne nous appartient pas d'en pénetrer les ſecrets, ni d'en examiner les merveilles : Tout ce que nous pouvons faire, c'eſt de l'adorer dans un profond reſpect, & de conſiderer les grands biens que nous en recevons, & les deſſeins de Dieu ſur nous, en la manducation de cette viande celeſte. S. Auguſtin nous les apprend, quand il nous fait recit de cette voix divine, qui lui dit ces paroles : *Je ſuis la nourriture des Grands, croiſſez & vous me mangerez ; car vous ne me changerez pas en vôtre ſubſtance, comme les viandes materielles, mais vous ſerez changé en moi.* Confeſſ. l. 7. c. 10.

La ſeconde choſe que les perſonnes libres doivent bien conſiderer, ſont les effets miraculeux, que produit ce ſaint Sacrement dans les Ames : car comme elles en approchent ſouvent, elles en reçoivent des graces actuelles, des ſecours extraordinaires, & des faveurs toutes particulieres ; il n'y a point de doute qu'elles ne voïent les changemens notables de ceux qui communient dignement ; la reformation de leur vie en eſt une marque évidente.

Nous devons particulierement remarquer trois grands effets, que la presence réelle de JESUS-CHRIST opere dans les Ames bien disposées. Le premier, c'est un détachement des choses de la terre. Le second est un attrait interieur, qui les porte à Dieu sans peine; & le troisiéme, c'est une resignation dans les adversitez, qui surpassent les forces humaines.

Il semble que les Saints se sont épuisez en parlant des effets, que cet auguste Sacrement produit dans ceux qui le reçoivent. S. Bernard nous assure, que » c'est une medecine aux malades, & » une joïe aux affligez; qu'il conforte » les foibles, réjoüit les forts, guérit les » tiédes, & conserve la santé.

S. Thomas nous apprend encore, que les personnes qui communient souvent avec les dispositions requises, auront dans le Ciel des degrez de gloire, qui ne seront pas donnez aux autres, qui communient rarement; parce qu'aïant esté santifiez par la frequente reception du Corps de Nôtre Seigneur, le leur en sera plus glorieux & plus resplendissant à la resurrection generale, & que leur Ame en sera plus éclairée & plus unie à la Divinité.

Mais entre tous les effets de cet ineffable Sacrement, l'union interieure & spisituelle qu'il produit dans les ames, est tout à fait admirable: C'est dans le tems de la Communion actuelle, que JESUS-CHRIST s'unit à nous, d'une maniere extraordinaire; car, comme dit tres-bien le devot S. Bernard, l'amour ne sait pas comment il faut dominer, il n'entend point l'art de maîtriser. Or, comme Dieu aime les hommes, & que c'est de lui-même qu'il prend les motifs de son amour, nous ne saurions trop admirer l'amour incomparable avec lequel il s'unit à nous: Il faut neanmoins remarquer ce que dit le même S. Bernard, que ceux qui communient dignement, reçoivent le salut & la vie, pendant que les autres y trouvent leur condamnation & leur mort. Le Sacrement sans l'effet est la perte de ceux qui s'en approchent; mais le Sacrement & l'effet, c'est la vie éternelle à ceux qui le reçoivent.

Sur le Cant. serm. 59.

Serm. 27 en la Cene.

Vous étes un époux fidele dans l'execution de vos promesses, dit encore S. Augustin; & s'il arrive qu'une ame s'éloigne de vous par le peché, & vous ferme son cœur pour y placer la creature, vous la rappellez de son infidelité, & vous lui faites des faveurs si sensibles, que ce ne peut estre que des effets de cette même puissance, par la-

» quelle ce divin Sacrement a esté insti-
» tué, & s'est conservé sur nos Autels
» par une succession de tant de siecles,
» que s'il y avoit de l'abus dans la devo-
» tion des Fideles, nous pourrions dire
» que c'est vous qui nous avez trompez:
» Tant il est vrai que non seulement vô-
» tre puissance, mais encore vôtre bonté,
» vôtre amour, & vôtre misericorde, s'y
» font connoître à tout moment.

Si S. Chrysostome a dit, que les Chrétiens, en sortant de la Table du Seigneur, doivent respirer le feu comme des Lions, pour se rendre terribles & redoutables aux malins Esprits; quelle force ne doivent pas avoir les personnes libres qui s'approchent si souvent de l'Eucharistie pour soutenir leur Celibat volontaire? Et si du tems de la persecution des Tyrans, les Fideles s'en approchoient tous les jours, afin de ne point succomber dans les tourmens où ils finissoient leur vie; combien la manducation de ce Pain des Forts doit-elle rendre inébranlable la constance de ces personnes qui souffrent, non pas pour la défense de la Foi, mais pour celle de la bonne vie?

La troisiéme chose qu'il faut considerer, c'est la maniere de se preparer à la Communion, les dispositions que l'on doit avoir, lors que l'on communie, &

ce que l'on doit faire aprés avoir communié.

Pour recevoir le Pain des Anges, il faut avoir des degrez de charité, qui se rapportent à la dignité d'une si grande action. La premiere disposition qui doit servir de fondement aux autres, c'est une grande pureté de conscience, qui ne se peut acquerir que par une confession exacte, & par un veritable regret d'avoir offensé Dieu, par le seul motif de sa souveraine bonté. La seconde preparation n'est autre qu'un desir fervent & embrazé de recevoir JESUS-CHRIST, & par une sainte émulation aspirer continuellement à le posseder. Cette grande action se doit encore prevenir par une troisiéme disposition, qui tienne l'ame toute occupée par des actes de foi, d'esperance & d'amour.

Le moment de la Communion doit estre encore plus fervent, parce que c'est l'instant où le Chrétien doit renouveller les lumieres de son esprit, les affections de son cœur, les actes de sa volonté, & les plus saintes dispositions de son ame; c'est alors que l'ame doit estre toute absorbée en Dieu, & au moment que JESUS-CHRIST lui est donné sous les especes du Pain, elle doit estre transportée de joïe, comme ce Prince de la Sy- Zach. 5. Luc, c. 19.

nagogue, lors qu'il reçut le Seigneur en sa maison.

Ce n'est pas assez, lors qu'on a reçu cet Auguste Sacrement, d'en remercier Dieu quelque espace de tems ; c'est une action de graces, qui doit estre suivie du souvenir de ce bienfait pendant tout le jour qu'on aura communié. Ce grand bienfait doit laisser dans une ame un attrait interieur, qui la rende entierement appliquée à Dieu. Et ce goût de pieté devroit durer jusqu'à une nouvelle Communion, l'une devant servir de disposition à l'autre.

Ce n'est pas assez aux personnes qui vivent sans engagement, d'avoir toutes ces dispositions interieures, il faut encore une singuliere modestie pour approcher des Autels. Cette mortification exterieure ne consiste pas seulement à retrancher à nos sens toutes les choses défenduës, mais aussi celles qui sont permises : les yeux ne doivent point regarder les choses curieuses ; les oreilles, écouter les paroles bouffonnes ; & la langue doit éviter les paroles indiscretes. Il y a une infinité de pratiques pour se disposer à la Communion, & pour faire l'action de graces, qui ne sont pas inconnuës aux ames en la vie spirituelle.

Si un Savant du dernier siecle, parlant

lant de la frequente Communion, a dit, que les femmes témoignent en cela plus de pieté que les hommes; les personnes libres, bien loin de dégenerer de la devotion de leur sexe envers cet adorable Sacrement, ne manqueront pas de l'accroître de tout leur pouvoir, non point par coutume & par imitation, mais par un principe interieur d'une foi vive, & d'une charité ardente: Elles se donneront bien de garde d'estre du nombre de ceux dont parle S. Paul, lors qu'il dit, que *plusieurs sont foibles, malades & endormis, parce qu'ils ne discernent point le corps du Seigneur.*

CHAPITRE VIII.

De l'assistance qu'on doit au Prochain.

LE Celibat volontaire est d'une si haute perfection, que ce n'est pas une chose si aisée, que d'en remplir tous les devoirs: Ce n'est pas assez pour y satisfaire, de s'adonner à la Priere, & à la frequentation des Sacremens; il faut outre cela donner au Prochain les secours qui lui sont necessaires dans ses besoins.

Cette obligation est beaucoup plus difficile que le culte que nous rendons à la Divinité ; nous y sommes portez par un sentiment de justice, même si naturel, qu'il n'y a personne qui ne reconnoisse, & qui n'adore Dieu, à moins que d'estre Impie, Athée, ou entierement dépourvû de raison : comme, au contraire, les défauts qu'on voit dans le Prochain, les déplaisirs qu'on en reçoit, & les changemens continuels que nous voïons arriver dans la vie, nous en donnent bien souvent de l'aversion & du degoût ; & si la volonté de Dieu ne donnoit des regles à la nôtre, nous trouverions fâcheux & penible tout ce qu'il faut faire pour le service de nos freres.

La souveraine sagesse du Seigneur, qui veut conduire toutes choses à leur fin par des moïens convenables, nous ordonne expressément d'aimer nôtre prochain ; & pour nous engager davantage à la pratique de ce precepte, elle nous met devant les yeux, que c'est l'Ouvrage de ses mains, dans lequel il a gravé son Image ; afin que ces raisons moderent, ou pour mieux dire, surmontent la repugnance que nous pourrions avoir à faire du bien à nos semblables.

Je ne regarde pas, en cet endroit, le prochain comme superieur, égal, ou inferieur ; comme ami, indifferent, ou ennemi ; comme parent, allié, ou engagé dans une Societé, soit publique, soit particuliere ; parce qu'étant pris & consideré en toutes ces manieres, nous lui devons toujours, ou de l'amitié, ou du support, ou une certaine bienveillance, qu'on ne sauroit lui refuser sans faire tort aux Loix de la Nature, & sans contrevenir aux devoirs de la bienseance. Je considere ici le Prochain comme pauvre, ignorant, affligé, abandonné, & dans le besoin des choses les plus necessaires à la vie ; & c'est à ces personnes que nous devons donner ce titre de *Prochain.*

Le Sauveur du monde, interrogé par un Docteur de la Loi, quels étoient ceux qu'il devoit regarder comme son Prochain, lui répondit en faisant la comparaison d'un homme qui descendoit de Jerusalem à Jericho : Il lui dit que cet homme étant tombé entre les mains des voleurs, ils le dépoüillerent & le battirent si cruellement, que l'aïant laissé comme mort, il demeura reduit à l'extrêmité, sans esperance d'aucun secours ; Et qu'un Prêtre, & un Levite, qui alloient le même chemin l'aïant trouvé en ce déplorable état, passerent plus avant, sans estre touchez de compassion ; mais qu'un Samaritain, homme étranger, en

S. Luc, c. 10.

fût émû de pitié, pansa ses plaïes avec de l'huile & du vin, & qu'aprés l'avoir conduit en l'hôtellerie, il païa pour lui, le recommanda au maître du logis, & promit de le satisfaire, à son retour, de tout ce qu'il auroit dépensé pour la guerison de cet homme.

Aprés la doctrine de JESUS-CHRIST, il ne faut plus estre en peine, pour savoir envers quelles personnes nous devons pratiquer la misericorde. Tous ceux qui sont reduits dans la misere & dans la pauvreté, quoiqu'ils soient étrangers, doivent estre les objets de nôtre charité. C'est ici l'une des plus importantes pratiques des personnes qui n'ont point d'engagement : Les œuvres de compassion & de misericorde, si estimées par les Saints, & si recommandées dans l'Ecriture, sont d'une si grande étenduë, qu'elles peuvent occuper une partie de leur tems.

La misericorde est une source inépuisable, lors qu'elle rencontre une ame genereuse, & d'un pouvoir qui peut seconder ses pieux desseins : car d'autant plus qu'il se faut tenir caché, lors qu'on s'adonne à la contemplation comme Madelene ; il faut aussi se produire plus hardiment, lors qu'il est necessaire de faire l'office de Marthe, c'est à dire, de passer de la priere à l'action, & de l'entretien que l'on peut avoir avec Dieu, au service que l'on doit rendre au Prochain, pour l'amour de Dieu.

Tant que JESUS-CHRIST a esté sur la terre, il a toujours favorisé les Pauvres, & les a toujours preferé aux riches du monde. Les Prophetes qui nous ont annoncé sa naissance, sa vie & sa mort, ne l'ont jamais representé, que sous ce caractere. Et on ne peut lire sans admiration, ce qu'en a écrit la Sibylle de Delphes : *Les jours viendront que Dieu illuminera l'épaisseur des tenebres*, dit cette savante Fille. *Le lien de la Synagogue sera rompu, & les hommes verront dans le sein d'une Vierge, Dame des Gentils, le Dieu Tout-puissant qui regnera en misericorde ; puis il sera mis entre les méchans, dont il sera traité comme un miserable, lui qui sera le Sauveur des miserables & des affligez.*

Cette Propherie s'est fidellement verifiée en la personne de nôtre Sauveur ; il veut aussi que les Chrétiens qui sont obligez de l'imiter, le fassent sur-tout en la compassion des uns envers les autres. N'est-ce pas une chose digne de pitié, de voir des personnes de même nature, que nous, estre si mal traitées par l'inégalité de la condition, par les disgraces de la fortune, & par des accidens, dans lesquels tout le monde peut tomber? Quoique ces sentimens soient naturels, ils ne laissent pas de nous estre inspirez par un mouvement divin; & un Ancien a bien osé dire, que c'est une espece de Divinité à un homme d'obliger les autres hommes par ses bienfaits.

Pline.

Que personne ne se trompe au sujet du Prochain, dit S. Augustin, parce que l'on ne vit pas seulement pour soi-même; mais on doit une bonne partie de son tems & de ses biens au service & à l'édification des autres.

Prov. c. 3.

Que la verité & la misericorde ne vous abandonne jamais, dit le Sage; *environnez-les autour de vôtre coû, & les écrivez sur vôtre cœur; & vous trouverez grace devant Dieu, & estime auprés des hom-*
» *me*. Et le Roi Prophete nous assure,
» que celui qui fait misericorde, sera tou-
» jours joïeux; que ses paroles seront
» pleines de jugement, & qu'il sera si
» stable, que jamais il ne sera ébranlé;
» parce qu'aïant donné son bien aux Pau-
» vres, il sera exalté en gloire, & sa me-
» moire sera éternelle entre les Justes:
» le Pecheur le verra avec étonnement,
» & en sera fâché.

Ps. 111.

Le saint homme Job parle de lui-même en des termes, qui meritent d'estre
» bien considerez: Je me suis vêtu de

justice, de misericorde, & de jugement, comme d'un vêtement precieux, « Ch. 29
& d'une riche couronne; parce, dit ce Modelle de patience, que j'ai esté l'œil de l'aveugle, le pied du boiteux, le pere des pauvres, & le défenseur des affligez.

L'Ecriture est toute remplie de Passages, qui nous enseignent la misericorde, & qui nous prêchent la compassion; & c'est une remarque universelle en toutes les Histoires saintes, ou profanes, que les personnes charitables envers les affligez, ont toujours esté favorisées de Dieu, & respectées des hommes. L'exemple de S. Jean l'Aumônier a paru comme un prodige dans le monde, dont il ne faut pas s'étonner; puisque la Misericorde qui lui apparut à l'âge de quinze ans sous la figure d'une Fille excellente en beauté, lui dit ces admirables paroles: Je suis la Bien-aimée du Roi celeste; si vous m'avez pour amie, je vous menerai en la presence de ce grand Monarque: Personne n'a tant de pouvoir auprés de lui que moi; car je l'ai fait descendre du Ciel en Terre pour se faire homme, afin de sauver les hommes.

Qui pourroit douter du merite de la compassion & de la misericorde, puisque JESUS-CHRIST même a declaré bienheureux ceux qui la pratiquent, & que c'est défendre la cause commune de tous les hommes, que d'avoir pitié des affligez, & de les secourir en leurs miseres.

S. Thomas nous apprend, que l'homme misericordieux est ainsi nommé, parce que son cœur, plus tendre & plus doux que les autres, se laisse facilement toucher par les besoins d'autrui, qui se glissent dans son ame par les yeux & par les oreilles, & qui alterent quelquefois sa tranquillité, lors que par un sentiment tout à fait tendre il compatit à l'affliction de ceux qui souffrent, & ressent les disgraces des personnes pauvres & malheureuses.

CHAPITRE IX.

Sur le même Sujet.

COmme les hommes sont composez d'ame & de corps, aïant une vie sujette au tems, & une autre qui ne doit jamais finir; ils ont aussi des necessitez spirituelles & corporelles; c'est pourquoi ils sont obligez de se donner du secours les uns aux autres; mais les personnes qui n'ont point d'engagement,

étant

étant plus maîtresses de leurs actions & de leur tems, ont aussi plus de moïens, & même plus d'obligation de pratiquer les œuvres de misericorde. Je ne repeterai point ici ce qui a esté déja dit de leur merite, & de l'amour que Dieu porte aux ames misericordieuses; il est à propos de traiter à present de quelle maniere on peut enseigner les ignorans, conseiller les personnes qui sont flotantes, corriger les pecheurs, consoler les affligez, endurer patiemment les injures, prier pour les vivans & les morts, & pour ceux qui nous persecutent; car voilà toutes les assistances spirituelles, qu'on peut rendre au Prochain.

Quoïque l'instruction des ignorans, & le conseil que l'on donne à ceux qui sont irresolus sur ce qu'ils doivent entreprendre, appartiennent de droit aux pasteurs des ames, aux peres de famille, & aux autres personnes qui sont en autorité; neanmoins il est du devoir des personnes libres d'enseigner ceux qui ne sont pas éclairez de leur état, d'où dépend leur salut: Cela neanmoins se doit entendre autant que la bienseance, & que leur qualité peuvent le permettre; car nous sommes dans un tems où il ne faut pas s'ingerer de donner des avis & des conseils sans en estre sollicité. Et cela par deux raisons; la premiere, que le nombre des maîtres est si grand, qu'on ne manque point d'estre instruit des choses de la Foi, & de celles des bonnes mœurs; la seconde, que les personnes du siecle ont assez de connoissance pour se conduire, car l'on peche aujourd'hui plus par malice & par fragilité, que par ignorance.

Ceux qui vivent dans le Celibat, enseignent plus les autres par la bonne vie, que par les paroles; & quand il est necessaire de parler, cela se doit faire toujours avec beaucoup de prudence & de discretion. Le discernement est tout à fait necessaire pour donner de bons avis & de sages conseils: Lors qu'on est dans l'occasion de rendre ce service au Prochain, il faut ramasser les lumieres de son esprit pour parler juste & à propos.

Quand le Sauveur du monde raconte les merveilles, par lesquelles on pouvoit connoître qu'il étoit Fils de Dieu, aprés avoir dit, que les aveugles recevoient la vûë, les malades la santé; que les lepreux étoient purifiez, & les morts ressuscitez; il ajoute comme un tres-grand miracle, que l'Evangile étoit annoncé aux Pauvres gratuitement, pour nous faire connoître, que c'étoit une des obligations de la Loi nouvelle d'enseigner ceux qui sont ignorans & pauvres tout ensemble. L'homme qui cache sa « folie, est meilleur que celui qui tient « sa sagesse en secret & dans le silence, « dit l'Ecriture, parce qu'il prive plu- « sieurs personnes du fruit qu'elles pour- « roient tirer de sa conversation ; comme « au contraire, l'extravagant fait beau- « coup de ne point manifester ses imper- « tinences & ses égaremens. «

Ecclef. 4. 20.

Ne cessez jamais, dit Seneque, de vous obliger les uns les autres par des bienfaits, par la faveur & par le credit ; mais sur toutes choses donnez des conseils & des enseignemens salutaires à ceux qui en ont besoin ; car si l'eau seule, donnée dans un tems de necessité, vaut quelquefois mieux qu'un excellent breuvage ; de même, lors qu'un esprit est flottant, incertain & sans connoissance, une parole dite à propos, un bon avis donné en son tems, & une communication de lumieres & de pensée, sont des bienfaits qu'on ne sauroit trop estimer.

L. I. ch. 2. des Bienfaits.

Instruire des personnes ignorantes, & donner conseil à celles qui doutent, sont des actions si spirituelles, qu'il n'appartient qu'aux esprits les plus intelligens de le pratiquer. C'est ce que nous apprend l'Ecriture par ces paroles : *Que la*

Ecclef. 5. 21.

bouche du Sage abondera comme l'inondation des eaux, & que son conseil comme une fontaine de vie sera toujours disposé à se répandre utilement, & que par cette raison les discours de l'homme prudent sont demandez en l'Eglise.

C'est tellement la volonté de Dieu, que l'on se donne conseil les uns aux autres, qu'il est encore dit, que *la Sagesse a ouvert la bouche des muets, & a rendu la langue des enfans éloquente.* Nous pouvons connoître par ces paroles, que s'il arrive que les personnes d'un age parfait & d'une capacité avancée, viennent à negliger leur devoir envers le Prochain, Dieu fera plûtôt un miracle, que de laisser perir les hommes par l'ignorance.

Sagesse, c. 10.

La Correction fraternelle, qui est une œuvre de misericorde, se pratique en reprenant les Pecheurs qui transgressent la Loi divine, & qui s'écartent du chemin de la vertu : Ce n'est pas à dire, qu'il faille indiscretement se mêler de reprendre tout ce qu'on voit de vicieux & d'imparfait dans les autres : Cela se doit seulement entendre des personnes, dont la condition & les charges leur donnent le pouvoir de corriger ceux qui leur sont soumis, pour les ranger à leur devoir ; & les Neutralistes bien avisées ne s'avancent pas de parler indiscretement des défauts du Prochain, soit en son absence, soit lors qu'il est present.

Si l'on est si fort prévenu de l'opinion de soi-même, qu'il se trouve tres-peu de personnes capables de recevoir les avis & les conseils qu'on leur donne; ils s'en trouve encore moins, qui reçoivent de bon cœur la correction de leurs fautes, tant l'orgueil est enraciné dans l'esprit des hommes. Et quoi qu'il ne s'en trouve pas un seul exemt de peché; neanmoins ils conviennent tous en ce point, qu'ils ne veulent jamais estre reconnus pour imparfaits, & ainsi meriter reprehension.

Les personnes sans engagement apprendront de S. Augustin, la maniere de corriger, ou plûtôt de cacher, ou d'excuser les chutes de leur prochain, si elles considerent les paroles de ce grand Docteur *Ep. 137.* au sujet du scandale d'une personne de son Ordre. Ma maison est-elle meilleure que l'Arche de Noé, dit ce Saint, « en laquelle de trois fils qu'il avoit, « l'un fut méchant & pervers? Est-elle « plus sainte que celle du Patriarche Abra- « ham, auquel il fut dit: Mettez dehors « la Servante & son fils? Est-elle plus « juste que celle du Patriarche Isaac, où « de deux jumeaux que sa femme enfan- « ta, l'un fut élû de Dieu, & l'autre ré- « prouvé? Est-elle plus remarquable que «

» celle du Patriarche Jacob, qui de douze
» enfans qu'il eut, un seul * fut vertueux
» & homme de bien ? Est-elle plus parfaite que celle de Jesus-Christ, où
» de douze Apôtres l'un le vendit pour
» un peu d'argent ? Seroit-elle enfin plus
» accomplie que le Ciel même, duquel
» un si grand nombre d'Anges ont esté
» chassez à cause de leur orgueil ? ou
» que le Paradis terrestre, d'où nos premiers parens furent bannis, quoiqu'ils
» fussent créez en grace ?

* Joseph.

Saint Augustin tâchoit par ces paroles d'appaiser le scandale de quelques fautes importantes, qui s'étoient commises de son tems. Le docte & pieux Grenade s'est servi des mêmes paroles, pour faire cesser les murmures que l'on faisoit au sujet de la chûte d'une personne de pieté. » Que les gens pervers & sans ame qui » se réjoüissent de la chûte de leurs freres, dit-il, apprennent combien ils sont » éloignez des sentimens d'une veritable » charité. Cela se doit prendre en eux » comme une marque de reprobation, le » contraire étant le signe d'une ame predestinée.

C'est veritablement l'esprit de l'Evangile ; & ce doit estre aussi celui des personnes libres, d'avoir de l'aversion pour le peché, & de la compassion pour ceux qui le commettent. S. Gregoire le Grand dit à ce sujet, que la Loi ancienne, qui étoit en dépost dans la Synagogue, étoit rude & pesante, parce qu'au lieu de supporter les Pecheurs avec misericorde, elle les punissoit avec severité, mais que celle de l'Eglise nouvelle les corrige avec douceur, & les attend avec patience. Le Sauveur nous a donné de merveilleux exemples de cette moderation, lors que sans avoir égard à tous les desordres des Scribes & des Pharisiens, il ne laissoit pas de communiquer avec eux, quoi qu'ils fussent extrêmement superbes & coupables de plusieurs autres vices. Serm. 33.

Pardonner à ceux qui nous ont offensé, c'est la perfection des œuvres de misericorde; & S. Bernard la met dans un si haut point de vertu, qu'il nous assure que l'amour des ennemis est un martyre spirituel. Saint Thomas nous apprend, que le pardon des injures est un precepte, encore que les signes de l'amour tendre & affectif envers ceux qui les ont faites, ne soit qu'un conseil. Saint Paul, écrivant aux Romains, leur défend de se venger eux-memes, parce qu'il n'appartient qu'à Dieu de prendre cette autorité. 2. 2. q. 108. ar. 4.

Tertullien nous assure que c'est un commandement de la suprême douceur, d'aimer nos ennemis, & de leur pardonner les torts qu'il nous ont fait : C'est par cette raison que le vindicatif n'est pas seulement ennemi des Loix de la Nature, mais encore il est entierement contraire à l'esprit du Christianisme. Cela est si veritable, qu'un Pere de l'Eglise en

Chrysost. ser. 9. sur S. Matth. » parle de cette maniere : Vous invoquez » contre la personne qui vous a offensé, » celui qui vous commande de lui par- » donner, & vous le priez de faire le con- » traire de ce qu'il vous ordonne. Tout » le monde doit savoir que le pardon des » injures, & l'amour de ceux dont nous » les avons reçûës, n'est pas tant une ver- » tu d'élection, qu'un precepte de salut » & de necessité. Les veritables Neutralistes sont bien éloignées de concevoir facilement des sentimens de vengeance, & encore moins de les conserver avec obstination ; car elles savent tres-bien, que le Sauveur du monde veut, que leur cœur ne soit point fermé à leurs ennemis, envers lesquels elles ne peuvent estre cruelles, qu'elles ne s'exposent à souffrir son indignation.

Eccles. c. 4. & 7. » Ne manquez jamais de consoler ceux » qui pleurent, dit le Sage, & d'accom- » pagner ceux qui gemissent, & ne soïez » point paresseux à visiter les affligez ; à » cause que par ces choses vous serez en grace auprés de Dieu. Ne rejettez donc « point la priere de ceux qui sont dans « l'affliction, & ne détournez point vô- « tre visage des pauvres; mais regardez- « les plûtôt sans tristesse, & faites vôtre « devoir en leur parlant doucement, afin « que la benediction du Seigneur vous « soit donnée. «

Le Roi Prophete nous exhorte en plusieurs endroits de ses Pseaumes, d'avoir soin des affligez; & voici de quelle maniere il parle de ceux qui s'en acquittent comme il faut. Bienheureux est l'hom- « *Ps. 40. &c.* me, dit ce Roi, qui console le pauvre « & l'indigent; car le Seigneur le déli- « vrera aux mauvais jours, & lui donne- « ra soulagement en sa douleur; il re- « tournera lui-même son lit dans le tems « de sa maladie. Et par une expression « toute extraordinaire, il s'écrie, que pour « l'oppression des pauvres & la misere « des affligez, le Seigneur s'est levé pour « en faire la visite, & pour appaiser leurs « gemissemens.

Comme les affligez ne sont gueres moins odieux, que les criminels, c'est un acte de generosité de leur donner de la consolation & du soulagement; car il faut de la force d'esprit pour s'opposer aux sentimens communs de la plûpart du monde; & c'est agir en veritable

Chrétien, que de considerer les personnes affligées, comme faisoit le saint homme Job, qui dit de lui-même, qu'il avoit toujours répandu des larmes sur ceux qui étoient dans l'affliction, & que jamais il n'avoit manqué de soupirer sur les mise-
Serm. 33. rables. C'est ce qui fait dire à saint Jean Chrysostome, que c'est par ce moïen qu'il a esté invincible dans ses souffrances, & qu'il s'est rendu impenétrable à tous les traits du demon.

Donnez de la cervoise au triste, & du vin à celui qui est en amertume de cœur, dit le Saint-Esprit dans ses Proverbes,
Pr. 31. *afin qu'il mette en oubli sa douleur.* Ces paroles nous apprennent que non seulement il faut compatir aux disgraces de nôtre prochain, mais encore que nous lui devons procurer une surabondance de consolation pour charmer ses ennuis, soulager ses peines, & dissiper sa tristesse, tant il est vrai que la misericorde qui se pratique envers les affligez, est agreable à Dieu.

Les personnes qui passent leur vie dans le Celibat volontaire, ont beaucoup de tems & de moïens pour pratiquer les œuvres de misericorde; c'est pourquoi elles sont fort exactes aprés avoir rendu à leur Prochain tous les devoirs de douceur & de compassion, de le recommander à Dieu par la Priere ; car soit ami ou ennemi, soit vivant ou trépassé, soit juste ou pecheur ; lors qu'elles traitent avec Dieu, elles doivent toujours le prier pour leurs freres.

C'est avec beaucoup de raison, que l'on met au rang des œuvres de misericorde spirituelles, la Priere pour la conversion des pecheurs, & pour la perseverance des justes, pour la prosperité des amis, & pour le changement des ennemis, pour la consolation des agonisans, & pour le repos des ames du Purgatoire ; car les uns ont besoin de grands secours pour passer heureusement la vie, & les autres pour estre soulagez aprés leur mort ; & comme ces derniers n'ont aucun pouvoir pour travailler à leur délivrance, ils ont plus besoin des suffrages & des bonnes œuvres des vivans.

C'est un des articles de Foi dans l'Eglise Catholique, de croire que les ames qui n'ont pas entierement satisfait à Dieu pour les pechez qu'elles ont commis en ce monde, sont soulagées, & même délivrées par les prieres des Fideles. Cette verité est établie sur l'autorité de l'Ecriture Sainte, où il est rapporté que Judas Machabée « L. 2. c. 12.
envoïa douze mille dragmes d'argent à «
Jerusalem, pour offrir des Sacrifices, «
afin de satisfaire pour les pechez de ceux «

» qui étoient morts en la bataille ; parce » que c'est une chose tres-juste, dit le » Texte sacré, d'esperer la resurrection » des morts, & de prier pour les dé- » funts, afin qu'ils soient délivrez de » leurs pechez.

Puisque c'est une chose tres-pieuse & tres-utile de prier pour les morts, que ne feront pas les personnes libres, qui doivent estre si zelées pour pratiquer les œuvres de pieté ? Et avec quelle ardeur rendront-elles leurs devoirs aux ames, qui souffrent en Purgatoire, si elles considerent ce que dit S. Ambroise, que la misericorde est la seule compagne des Trépassez ?

Puisque les personnes sans engagement ont plus de tems & plus de facilité pour pratiquer les œuvres de misericorde, elles doivent estre tres-parfaites pour s'en acquiter dignement ; car il faut estre éclairées pour instruire les ignorans ; prudentes pour donner conseil à ceux qui sont dans l'incertitude ; discretes pour corriger ceux qui sont dans le déreglement ; genereuses pour pardonner les injures ; pitoïables pour compatir aux miseres des affligez ; pieuses pour le prier pour les necessitez des malheureux ; & attentives sur elles-mêmes pour ne jamais oublier ce que dit le Sage, que *par la misericorde l'iniquité est pardonnée.*

CHAPITRE X.

De l'Aumône.

L'AUMÔNE est un terme generique, qui renferme en soi toutes les œuvres de misericorde corporelles, que nous pouvons pratiquer à l'égard de nôtre prochain : on en forme autant de piéces differentes, qu'il y a de moïens particuliers, dont nous le pouvons assister : donner à manger à ceux qui ont faim, donner à boire à ceux qui ont soif, vêtir ceux qui sont nuds, loger les pelerins, visiter les prisonniers, servir les malades, & ensevelir les morts, sont des bonnes œuvres, differentes en especes, qui peuvent toutes porter le titre d'*Aumône*. Suivant l'opinion des Savans, il ne veut dire autre chose, que misericorde & compassion. Ces pratiques sont si necessaires au salut des hommes, que c'est le sentiment de S. Thomas, que « dans les necessitez du prochain, lors « qu'elles sont extrêmes, l'on n'est pas « sans peché mortel, si l'on manque de « l'assister. «

Salomon, le plus heureux de tous les hommes, & le plus magnifique de tous les Rois, nous a laissé par écrit une infinité de belles choses touchant l'aumône; & l'on ne sauroit lire ses Livres des Proverbes, de la Sagesse, & de l'Ecclesiastique, sans estre touché de compassion envers les pauvres & les affligez. Job, lequel a connu par experience les maux & les adversitez, qu'on souffre pendant la vie, nous en parle en des termes si forts, qu'on ne peut considerer ce qu'il en dit, sans estre ému de pitié envers les miserables.

L'aumône qui est bien faite, satisfait pour les pechez, augmente la grace dans une Ame, lui obtient la gloire future, & l'effet de ce qu'elle demande à Dieu. Elle ne demeure jamais sans recompense dans les personnes mêmes, qui sont en mauvais état par le peché : parce qu'elle peut faciliter leur conversion, & leur procurer un changement de vie.

L'aumône reçoit dans son sein toutes sortes de personnes, quelque miserables & délaissées qu'elles puissent estre. Le Sauveur nous en fait un grand Precepte, quand il dit : *Donnez aux pauvres, & vous deviendrez purs : Donnez*, dit-il encore une fois, *& vous recevrez une grande recompense*. Et le Sage nous avertit de cacher nos aumônes dans le sein des pauvres, afin qu'elles prient pour

S. Luc, ch. 6.

Ecclef. c. 3.

nous : car elles resistent au peché avec autant de promptitude, que l'eau éteint le feu ardent. Le saint homme Tobie nous assure qu'elle est incomparablement plus précieuse, que tous les tresors du monde, puisqu'elle purifie les pechez, délivre de la mort, & fait obtenir la vie éternelle. Chap. 12.

L'aumône se peut pratiquer en tant de manieres, que ceux qui ne feront pas leur devoir en l'exercice de cette vertu, ne se pourront excuser devant Dieu. JESUS-CHRIST même nous declare dans l'Evangile, qu'*un verre d'eau, donné pour son amour, ne sera pas sans recompense.* S. Matth. ch. 10. Et il a si bien tâché d'imprimer dans l'esprit des hommes, le soin qu'ils doivent avoir de rassasier ceux qui ont faim, & de donner à boire à ceux qui ont soif : que se voïant un jour suivi de quatre mille personnes, toutes languissantes de faim, à cause qu'elles avoient passé trois jours sans manger ; il en eut une telle compassion, qu'il fit ce grand miracle Ch. 15. de multiplier quelques pains & tres-peu de poissons, pour soulager ce peuple travaillé de la faim.

Le Seigneur nous a voulu apprendre par son exemple, non pas à faire des miracles, mais à estre charitables aux necessiteux ; & pour nous montrer plus évidemment combien les œuvres de misericorde sont importantes à nôtre salut, lors qu'il nous represente le Jugement universel, où il sera justice, en donnant la recompense aux bons, & en

Ch. 25. punissant les méchans, il ne fait mention que des charitables traitemens que » les Elûs auront faits aux pauvres : Venez les Benits de mon Pere, leur dira » ce Juge souverain, posseder le Roïaume qui vous a esté préparé dés le commencement du monde : J'ai eu faim, » vous m'avez donné à manger ; j'étois » étranger, vous m'avez logé ; j'étois » nud, vous m'avez vétu ; j'ai esté en » prison, & vous m'avez visité : aïant » fait toutes ces choses à l'un de ces plus » petits, vous me les avez faites aussi. Au contraire, il dira aux Reprouvez ; » Allez maudits au feu éternel, qui est » dû à vos crimes ; car j'ai eu faim & » soif, & vous ne m'avez donné aucune » chose pour me rassasier ; j'ai esté étranger, malade & prisonnier, & vous » ne m'avez rendu aucune visite : ne » l'aïant point fait aux pauvres & aux » affligez, c'est de même que si vous a» viez exercé ces cruautez envers moi.

Levitiq. ch. 19. C'étoit un commandement en la Loi écrite, de laisser quelque chose pour les indigens dans le temps de la recolte ;

Quand

Quand vous moissonnerez les grains de vos terres, dit le Seigneur, vous ne les couperez point trop prés, & vous ne ramasserez point les épics demeurez. Vous ne vendangerez pas toute vôtre vigne, & ne ramasserez point les grains qui seront tombez; mais vous les laisserez aux pauvres & aux étrangers. Tous les trois ans vous mettrez à part la Dixme du revenu de cette année, & le poserez devant vos portes, afin que le Levite, l'Etranger, la veuve, le pauvre, & l'orphelin en mangent, & soient rassasiez, & que le Seigneur vôtre Dieu vous benisse & toutes vos œuvres. Deuteronome. ch. 14.

Il n'y a pas de doute que les personnes qui passent leur vie dans le Celibat volontaire, seront charmez de tant de passages de l'Ecriture, qui leur apprendront l'amour qu'elles sont obligées d'avoir pour les pauvres; & comme elles ne sont point chargées d'enfans, ni de famille, elles ont plus de pouvoir & plus de liberté de faire l'aumône. Qu'elles considerent comme le Sage les exhorte à cette vertu, qui est si necessaire: « Recevez le pauvre, à cause des commandemens que Dieu vous en fait, « dit-il, & ne le renvoïez jamais les « mains vuides, parce qu'il est méprisé « du monde. Honorez le Seigneur de « Ecclesi. ch. 29.

» vôtre substance, en donnant aux pau-
» vres les premices de tous vos fruits ;
» & vos greniers seront remplis en abon-
» dance, vos pressoirs répandront le vin
» par dessus : car celui qui fait miseri-
» corde aux pauvres, & qui leur donne
» de son pain, prête au Seigneur avec
» usure, & il recevra de lui une tres-
» ample benediction.

Proverb. ch. 3. 19. & 22.

Qu'elles écoutent encore les paroles du Prophete Isaïe, qui leur enseigne tou-
» tes les particularitez de l'aumône. Le
» jeûne que j'ai choisi, dit le Seigneur,
» c'est que tu brises ton pain à celui qui
» a faim ; que tu fasses venir en ta mai-
» son ceux qui n'ont point de retraite ;
» que tu délies les nœuds d'iniquité, &
» décharges les fardeaux des pauvres
» laisses en liberté ceux qui sont brisez &
» rompus par la rigueur de leurs mise-
» res : couvres celui qui est nud, & ne
» méprises point ta propre chair ; &
» Dieu fera lever ta lumiere avant l'aube
» du jour. Ta justice paroîtra devant sa
» face, & la gloire du Seigneur t'envi-
» ronnera ; tu l'invoqueras, & il te ré-
» pondra : Je suis ton Dieu, plein de dou-
» ceur & de misericorde envers ceux qui
» n'offensent pas leurs freres, ni de pa-
» roles ni en effet ; qui donnent de bon
» cœur à manger à ceux qui ont faim,

Ibid. 58.

& qui les rassasient ; leur lumiere se levera dans les tenebres, & leurs tenebres seront comme le midi. Ils joüiront d'un profond repos, & seront fleurissans comme un jardin bien arrosé, & comme une fontaine d'eau vive, qui ne tarit jamais.

Qui seroit assez insensible pour n'estre pas touché de l'exemple & des paroles du saint homme Job, qui dit de lui-même : J'étois le Pere des pauvres, & je rompois les forces du méchant, pour lui ôter la proïe qu'il emportoit. Je n'ai point refusé aux nécessiteux ce qu'ils vouloient, & je n'ai point fait attendre la veuve, qui me demandoit du secours. L'étranger n'a point couché dehors devant ma porte, qui n'étoit jamais fermée au Voïageur, que je n'ai pas méprisé, à cause qu'il étoit nud & mal en ordre : jamais je n'ai mangé mon pain seul, l'orphelin en a toujours eu sa part.

Soïez misericordieux autant que vous pourrez, disoit le saint homme Tobie à son fils ; si vous possedez beaucoup de biens, donnez abondamment ; si vous en avez peu, donnez peu, mais volontairement & de bon cœur ; & ainsi amassez un tresor pour le temps de la necessité. L'aumône délivre de la mort ; *Ch. 7.*

» & Dieu ne permet pas que celui qui la » fait, aille jamais dans les tenebres de » l'Enfer.

CHAPITRE XI.

Suite du même sujet.

APRÉS avoir cité tant de passages de l'Ecriture pour prouver l'obligation qu'ont les Chrétiens de faire l'aumône, & sur-tout les personnes dégagées; il est necessaire de montrer en combien de manieres elle peut se pratiquer.

La faim qui accable les indigens, est le plus grand de tous les maux; & par consequent la charité qu'on fait, en leur distribuant le pain qui sert à soutenir leur vie, leur est la plus profitable: mais comme chacun n'est pas en pouvoir de leur donner une subsistance entiere, on peut suppléer par quelques petites aumônes; & ces menuës parties, mises ensemble, servent à remedier à leurs besoins les plus pressans.

On peut aussi les assister, en leur prêtant ou avançant quelque chose avec adresse, pour leur épargner la honte, qui est inseparable de ceux qui reçoivent quelques bienfaits sous le titre d'*aumône*. Pour nous apprendre cette maniere de faire la charité, Dieu en fit un commandement dans la Loi ancienne, lors qu'il dit dans le Deuteronome : *S'il arrive qu'un de vos freres devienne pauvre, prenez garde de ne point endurcir vôtre cœur, & de ne point fermer vôtre main auprés de lui : prêtez-lui selon sa nécessité, & donnez-vous garde de toutes mauvaises pensées, & de dire en vous-même : Voici la septiéme année qui s'approche, en laquelle toutes les dettes étant remises, je perdrai la mienne, & qu'ainsi vous ne soïez détourné de faire du bien aux pauvres, qui vous demandent au temps de leur necessité.* Ch. 15.

Si le pain sert au soutien & à la conservation de la vie du corps, l'habillement n'est pas moins necessaire à l'honnêteté, qui lui est naturelle : car s'il est délivré de la faim & de la soif, par les alimens qu'on lui donne ; il est garenti des injures du temps, & de la confusion que cause la nudité, par les habits qui lui servent de couverture, & qui l'exemtent de plusieurs incommoditez : C'est pourquoi Dieu commandoit expressément à son Peuple de rendre, sans differer, les gages qu'ils avoient reçus les uns des autres : Si vous prenez en ga- Exode, c. 22.

» ge le vêtement de vôtre prochain,
» vous lui rendrez devant le Soleil cou-
» chant, dit le Seigneur: car c'est sa seu-
» le couverture; & s'il crie à moi, je
» l'exaucerai, parce que je suis miseri-
» cordieux : Rendez donc à vôtre frere
» ce que vous aurez à lui, afin que vous
» soïez juste devant Dieu, & que vous
» ne suiviez pas les coutumes des Usu-
» riers, qui retiennent ce qui appartient
» aux miserables, pour un peu d'argent
» qu'ils auront prêté.

Deuteronome, ch. 24.

Le Sauveur du monde nous a fait connoître combien cette dureté des hommes, qui laissent les pauvres dans la nudité, lui est desagreable, lors qu'il nous a representé le mauvais Riche dans l'Enfer, pour n'avoir pas eu pitié de Lazare, qui étoit à sa porte, sans autres vêtemens que ses ulceres & sa pourriture; pendant que cet homme superbe & inhumain étoit vêtu de pourpre & d'autres habits precieux.

Quoique cette cruauté soit aujourd'hui fort commune, on se met peu en peine de la vengeance divine; & l'apprehension d'avoir un jour le même sort que le mauvais Riche, n'amollit pas la dureté des Chrétiens. Fasse le Ciel que les personnes libres ne soient jamais de ce nombre.

La condition des hommes est si miserable, que ne pouvant naître que d'une seule maniere, ils peuvent neanmoins mourir par une infinité de moïens ; le fer, le poison, le feu, l'eau, la maladie, & mille autres accidens leur pouvant ôter la vie. Il s'en trouve même un tres-grand nombre, qui la passent dans les maux & dans la misere : car les uns sont infirmes & malades, les autres prisonniers & dans les chaînes ; d'autres encore captifs & en servitude : c'est à ces trois sortes de personnes, qu'on doit porter de la compassion, parce qu'avec la faim, la soif, & la nudité qui leur sont communes avec les autres pauvres, elles ont encore les douleurs de la maladie, les infamies de la prison, & les rigueurs de la captivité. Seneque.

On ne sauroit ignorer que racheter les Captifs, visiter les Prisonniers, & servir les malades, ne soient des œuvres de misericorde : & c'est ici où les personnes libres peuvent acquerir beaucoup de merite ; car si leurs commoditez temporelles ne leur permettent pas de faire de grandes aumônes ; étant maîtresses de leur temps, elles sont toujours dans le pouvoir d'aller visiter les personnes qui sont détenuës dans les prisons : rien ne les empêche de se transporter dans les

Hôpitaux & dans les maisons particulieres, pour y servir les malades, affligez par les douleurs & par la pauvreté; elles ne sauroient encore trouver d'excuse pour s'exemter de consoler les Captifs, & ceux qui sont dans la servitude.

Toutes ces œuvres de misericorde se pratiquent ordinairement à l'égard des Citoïens d'une même Ville, puisque par tout il se trouve des pauvres, des affamez, des nuds, des malades, des prisonniers, & des délaissez. Et quoique tous ces sujets soient tres-amples pour exercer la charité des Ames pieuses; Dieu ne veut pas neanmoins qu'elle soit tellement attachée aux personnes d'un même Païs, qu'elle demeure sans effet pour les Etrangers, les passans & les pelerins; puisque nous trouvons que les Loix du Seigneur leur sont aussi favorables, qu'aux pauvres, qui sont d'un même lieu.

Exodé, ch. 22. Pour apprendre l'hospitalité aux Israëlites, Dieu leur commanda de ne point faire d'outrage ni d'oppression à l'Etranger: car, dit le Seigneur, vous-mêmes l'avez esté en la Terre d'Egypte. Et ailleurs: *Deuter. ch. 10.* Aimez l'Etranger, & lui donnez des viandes & des vêtemens, dautant que vos peres sont descendus en Egypte seulement

lement au nombre de soixante & dix ; & à-present ils sont multipliez comme les étoiles du Firmament.

S. Paul, écrivant aux Hebreux, leur dit ces remarquables paroles : *Que la charité fraternelle demeure entre vous, & n'oubliez pas l'hospitalité, à cause que par elle plusieurs ont esté agreables à Dieu, & ont merité de recevoir des Anges en leur maison.* Personne n'ignore la verité de ce que dit cet Apôtre, puisque la visite que trois Anges rendirent au Patriarche Abraham, est connuë à tout le monde, quoique tres-peu de personnes en connoissent le mystere, les trois divins Hôtes qu'il reçut en sa maison, étant la figure de l'ineffable Trinité. Aussi ce Pere des Croïans, dont l'esprit étoit parfaitement éclairé, adora un seul Dieu en trois Personnes. C'est par cette sublime confession, & par le bon traitement qu'il fit à ces trois Anges, qu'il merita de voir en esprit la venuë du Messie au monde, & de recevoir la promesse de la naissance de son fils Isaac, & l'avertissement de la punition, que Dieu vouloit faire de la ville de Sodome, & des Villes voisines.

Ch. [illegible]

Genese, ch. 18.

Saint Gregoire Pape dit à ce sujet, « qu'Abraham vit le jour du Seigneur, « lors qu'il reçut trois Anges en sa mai- «

Ser. 17.

» son, lesquels étoient la figure de l'ado-
» rable Trinité ; & c'est par cette raison
» qu'il parla à trois comme à un seul,
» parce qu'encore qu'il y ait trois Per-
» sonnes en Dieu, il n'y a toutefois qu'-
» une nature.

Genèse, ch. 19. Loth aïant reçu charitablement deux Anges comme Pelerins, fut preservé & toute sa famille, de l'embrasement des Sodomites ; & l'hospitalité du saint homme Tobie envers l'Ange Raphaël, fut cause du salut & de la bonne-fortune de son fils. Et depuis la venuë de Jesus-Christ au monde, un grand nombre de Saints ont reçu des faveurs celestes, pour avoir logé des passans & des pelerins. Le Sauveur même a quelquefois pris cette figure, pour favoriser ceux qui avoient devotion à recevoir les étrangers en leur maison ; & entre les graces singulieres qu'il fit à ses Disciples aprés sa Resurrection, la visite qu'il rendit aux deux Pelerins qui alloient à Emaüs, est une des plus considerables.

Dans les premiers siecles de l'Eglise, l'hospitalité étoit tellement en usage entre les personnes d'une vertu singuliere, que S. Jerôme écrivant à une Servante* de Dieu, lui mandoit qu'il avoit esté contraint de quitter ses Commentaires sur Ezechiel, pour recevoir les Pelerins

* Sainte Eustoq.

qui alloient à Jerusalem, & qu'il valoit mieux faire ce que nous apprenons dans l'Ecriture-Sainte, que de la lire ; & pratiquer les bonnes-œuvres, que de dire de belles paroles. Et au rapport de Pallade, dans la ville d'*Oxirincum*, il y avoit des Gardes à toutes les Portes de cette Ville, pour recevoir les pauvres passans, & les Etrangers qui se presentoient, afin de les conduire dans los maisons, & de leur donner les choses necessaires à la vie.

Faut-il s'étonner que les Amis de Dieu & les veritables Chrétiens pratiquent l'hospitalité, puisque nous savons que les Païens avoient beaucoup d'empressement pour cet exercice ? c'est ce qui les obligea, par amour de cette vertu, de donner le surnom d'*Hospitalier* à leur Jupiter. Chez les Turcs même, & autres Nations barbares, il y a eu de tout tems des Hôpitaux, destinez pour loger les Pelerins, tant ceux de leur Secte, que des Chrétiens & autres Religions contraires à la leur.

Le Seigneur a un si grand soin des Veuves & des Orphelins, qu'il ne veut pas qu'on prenne aucun prétexte pour se dispenser de contribuer aux choses necessaires à leur nourriture & à leur entretien ; il ordonne même que leurs af- *Deuter. ch. 24.*

faires ne soient point negligées en justice, & qu'on leur rende un Jugement prompt & équitable. Il veut encore, qu'on n'ôte point de leur maison ce qui est à leur usage : *Si vous les outragez,*
Exode, ch. 22. dit le Seigneur, *& qu'ils se plaignent à moi, je les entendrai, je me courroucerai contre vous, & je vous ferai mourir du glaive; vos femmes seront veuves, & vos enfans orphelins.*

Ce n'est pas assez aux personnes qui passent leur vie dans le Celibat, de faire du bien aux vivans; il faut encore qu'elles pratiquent la compassion envers les Morts : non seulement en priant Dieu pour le repos de leur Ame, comme il a esté dit au Chapitre précedent, mais aussi en prenant soin de rendre les derniers
Ecclesi. ch. 38. devoirs à leurs corps. *Mon fils, jettez des larmes sur le mort*, dit le S. Esprit par le Sage, *pleurez sur lui, parce qu'il a souffert des choses tres-ameres : ensevelissez son corps, & ne méprisez point sa sepulture, qui vous remettra en memoire vos derniers jours, qu'il ne faut jamais oublier, dautant que l'on ne retourne plus en vie.*

Les paroles que l'Ange Raphaël disoit à Tobie, sont admirables pour nous imprimer le respect & la compassion que
Ch. 12. nous devons aux défunts. *Quand vous*

priiez avec larmes, & que vous enseveлissiez les morts; & qu'aprés les avoir cachez de jour en vôtre maison, vous leur donniez la sepulture pendant la nuit, j'ai offert vôtre Oraison à Dieu; & parce que vous lui estiez agreable, il a esté necessaire que vous fussiez éprouvé par la tentation. Ce saint homme s'étoit rendu fort assidu en toutes les œuvres de misericorde; dans sa captivité non seulement il nourrissoit ceux qui avoient faim, habilloit ceux qui étoient nuds, logeoit les Pelerins, consoloit les affligez; mais surtout il avoit un soin extraordinaire d'ensevelir les morts. Un jour, comme il traitoit ses Amis, étant averti qu'un Israëlite avoit esté tué, il se leva promtement de table pour l'ensevelir, se souvenant des paroles du Prophete Amos: *Les jours de vos Festes seront changez en pleurs.*

C'est un grand motif que Dieu nous met devant les yeux, pour nous obliger à rendre nos devoirs aux défunts, en traitant honorablement leurs corps par une sepulture convenable à la condition, en laquelle ils ont vécu: ces objets funestes sont tres-propres à nous faire rentrer en nous-mêmes, par la consideration de l'inconstance des choses humaines, qui se terminent toutes à la mort.

Il faut remarquer deux choses parmi tout ce qui vient d'estre dit : la premiere, l'obligation de faire l'aumône : la seconde, l'intention qu'il faut avoir en pratiquant les œuvres de misericorde. Les pauvres, qui sont les objets de la charité des Chrétiens, endurent trois sortes de necessitez ; l'une ordinaire & commune, l'autre griéve, & la troisiéme, extrême. Par la premiere, on manque de plusieurs choses, qui font passer la vie un peu commodément. Par la seconde, on se voit privé de ce qui est necessaire à la bienseance de sa condition ; & par la troisiéme on est en peril de la vie, à cause qu'on manque de toutes les choses necessaires pour la conserver : de maniere que l'obligation de faire l'aumône, est plus ou moins grande, selon la necessité, où le prochain se trouve reduit.

2. 2. q. 32. *art.* 8. C'est le sentiment de S. Thomas, que les Religieux sous la puissance des Superieurs, les femmes sous celle de leurs maris, les enfans de famille qui dépendent de leurs peres & meres, & les Domestiques soumis au pouvoir des Maîtres, doivent la faire non seulement de ce qu'ils ont en particulier, mais encore de ce qui appartient au commun de la Maison, lorsque la necessité de l'indi-

gent est extrême, & le met en danger de sa vie. Les personnes qui n'ont point d'engagement, y sont encore plus obligées, parce qu'elles n'ont point de puissance, qui puisse empêcher de faire l'aumône.

Pour l'intention, qui doit animer les œuvres de misericorde, le seul motif de plaire à Dieu, doit relever celui de la compassion naturelle, que l'on peut avoir de la misere du prochain : JESUS-CHRIST nous a voulu lui-même apprendre le dessein, que nous devons avoir en faisant l'aumône : *Prenez garde à ne point faire vos actions pour estre regardé des hommes*, dit le Seigneur ; *& quand vous ferez l'aumône, ne faites point sonner la trompette comme font les hypocrites.*

Un Pere de l'Eglise dit, que le Sauveur attaque ici la plus forte de toutes les passions, qui est la vaine gloire, laquelle tourmente ceux qui sont délivrez des autres vices : ce n'est pas à dire, qu'en effet ces personnes fassent sonner la trompette pour publier leurs aumônes ; mais le Seigneur a voulu par cette expression figurée, nous faire entendre l'extrême desir, que les Pharisiens avoient d'estre vûs & estimez des hommes ; c'est avec beaucoup de raison qu'il appelle ces forres de gens *hypocrites*, puisqu'ils ſont charitables en apparence, mais cruels & inhumains dans le cœur.

C'eſt ici l'emploi des veritables Neutraliſtes, de donner à manger à ceux qui ont faim, de vêtir ceux qui ſont nuds, de viſiter les malades, de conſoler les captifs & les priſonniers; d'avoir ſoin des veuves, de proteger les orphelins, & d'enſevelir les morts : parce qu'étant maîtreſſes de leur temps, & de leurs commoditez temporelles, elles peuvent faire un libre uſage de l'un & de l'autre, comme elles y ſont obligées ſelon les maximes de l'Evangile, oppoſées à celles du monde.

C'eſt particulierement dans les œuvres de miſericorde, & ſur-tout dans l'aumône, que la Loi de grace établit le merite de ſes enfans; & les perſonnes libres doivent eſtre ſi animées de ces diſpoſitions chrétiennes, qu'aprés le culte & les devoirs qu'il faut rendre à Dieu, rien ne leur doit eſtre plus à cœur, que l'aumône & le ſervice des pauvres.

C'eſt une choſe digne de plaire au Seigneur, & de s'attirer l'approbation de ceux qui l'aiment, que de perſeverer conſtamment dans la pratique de ce qui eſt le plus contraire au ſentiment de la nature : rien n'eſt agreable aux ſens dans les services que l'on rend aux pauvres, aux malades, aux prisonniers, & aux autres personnes miserables selon le monde: c'est dans les hôpitaux, les prisons, & autres lieux, où elles font leur demeure; qu'on peut remporter de continuelles victoires sur soi-même, par la privation des choses qui contentent, & par la pratique de celles qui sont fâcheuses & pénibles.

S. Jerôme nous rapporte les exemples de trois grandes Servantes de Dieu, qui peuvent servir de modele aux personnes libres. Il dit de la premiere, * qu'étant veuve elle appauvrissoit ses enfans pour nourrir les nécessiteux, & pour entretenir les pauvres; & quand ses parens s'en fâchoient, elle leur répondoit que c'étoit pour leur laisser une succession beaucoup plus abondante que la sienne, à savoir la misericorde de JESUS-CHRIST. *Epist. 19. li. 2.*

* *Sainte Paule.*

Il nous apprend de la seconde, * que dans son veuvage elle vendit tout son patrimoine, qui étoit tres-considerable, & conforme à sa naissance; qu'elle en distribua l'argent aux pauvres, & qu'elle fut la premiere, qui établit un Hôpital pour les personnes délaissées, où elle servoit elle-même les pauvres.

* *Sainte Fabiole.*

Ce saint Docteur nous propose un

troisiéme exemple en la personne d'une fille de grande qualité, qui avoit passé sa vie dans le Celibat volontaire, à la-
» quelle il parle en ces termes : Quand
» vôtre aïeule & vôtre mere seront mor-
» tes, que vous serez en possession de
» leurs biens, vous en disposerez com-
» me Dieu le commande, sachant tres-
» bien, que vous n'aurez rien à vous,
» que les choses que vous aurez em-
» ploïées en bonnes œuvres : que les au-
» tres fassent de superbes édifices, & des
» Eglises où le marbre, l'or & l'argent
» paroissent de toutes parts, je ne m'y
» oppose point : mais vôtre profession
» vous oblige de vêtir JESUS-CHRIST
» dans les pauvres, de le visiter dans les
» malades, de le nourrir dans ceux qui
» ont faim, de le loger en la personne
» des Etrangers, & de prendre soin des
» Serviteurs de Dieu; & de ceux qui
» sont pauvres de cœur & d'affection.

CHAPITRE XII.

De la Conversation.

SI nous sommes obligez d'avoir de la charité & de la compassion pour nôtre prochain, quand il est pauvre, affligé & malheureux, comme on vient de le voir; nous devons aussi pratiquer la civilité & la bienseance envers ceux qui font dans le monde une figure plus honorable. Si nous pratiquons les premiers devoirs comme des œuvres necessaires à nous rendre de parfaits Chrétiens; nous devons nous acquitter des seconds, pour entretenir la societé humaine avec les honnêtes-gens.

Le Celibat volontaire, pour estre abstrait & separé des plaisirs des sens, n'est pas sauvage & rebuttant: au contraire, les personnes qui l'embrassent, doivent estre plus douces & plus affables: elles doivent avoir en singuliere recommandation cette vertu, dont parlent les Philosophes Moraux, lors qu'ils nous enseignent à pratiquer une civilité honnête & engageante en toutes nos actions; & à nous rendre agreables à toutes sortes de personnes, non seulement par les paroles, mais aussi par les gestes, le port, & l'affabilité. Toutes ces circonstances sont necessaires pour rendre la conversation agreable: car sans ces manieres obligeantes & civiles, elle donneroit plus de dégoût que de plaisir.

Il n'y a rien qui soit plus aimable qu'un entretien affable, joïeux & divertissant, pourvû qu'il soit sans bouffonnerie, ni paroles satiriques & offensantes: ces choses étant aussi dangereuses dans la societé, que la rusticité & la rudesse y sont insupportables.

Morale, liv. 4. ch. 8. Aristote nous apprend que trois choses sont necessaires dans la conversation, que l'on peut avoir les uns avec les autres. La premiere, c'est la verité dans les paroles, & la droiture dans les actions. La seconde, c'est le divertissement de l'esprit, qui se relâche un peu de ses occupations serieuses & importantes; & la troisiéme, c'est que l'on y peut apprendre & profiter par le recit qui se fait des choses curieuses & nouvelles. Sur quoi nous pouvons remarquer la necessité de la conversation, non seulement par les raisons que nous en donne le Prince des Philosophes: mais encore par celles que nous pouvons tirer de la raison même: elle nous apprend que nous ne pouvons conserver la charité, ni entretenir l'amitié fraternelle, que par ce moïen; & que l'esprit a besoin de cet agreable secours, pour rendre ses conceptions plus promtes, & ses paroles plus justes.

Un Moderne dit à ce sujet, que la conversation sert de lime à l'esprit, pour le rafiner & le rendre plus propre aux reparties promtes & judicieuses; & quoique l'humeur mélancolique soit bonne pour l'étude & pour les sciences, elle est neanmoins ennuïeuse & pesante pour l'entretien. Et lors que la conversation est rare, il est difficile d'avoir la delicatesse & la promptitude en ses paroles.

Il est du parler, comme des autres habitudes qui se perfectionnent par l'exercice : Chacun est convaincu de cette verité par sa propre experience, & l'on connoît sensiblement que la facilité de s'énoncer est plus grande, lors que l'entretien des personnes spirituelles est plus ordinaire ; c'est ce qui fait dire à Seneque, parlant d'un Orateur de son tems, « que ce qu'il disoit, valoit mieux que « ce qu'il savoit, parce qu'aïant plus d'es- « prit que d'étude, il se plaisoit beau- « coup plus à ce qu'il avoit inventé sur « le champ, qu'à ce qu'il avoit apporté « aprés une longue speculation. — L. 3. des Controv.

Le divertissement de l'esprit est si necessaire aprés le travail de l'étude ou de la priere, que S. Paul dit aux Philippiens : *Réjoüissez-vous les un avec les autres, & que vôtre modestie soit manifeste à tous.* Et à ceux de Thessalonique : *Soïez toujours jöieux, & rendez grace en toutes choses, car telle est la volonté de Dieu.* Ce grand Apôtre, tout occupé, & tout — Ch. 4. — Ch. 5.

plein qu'il étoit des choses divines, ne laissoit pas d'estre sensible à l'entretien de ses amis, comme il le témoigne aux premiers Chrétiens par ces paroles : *J'ai estimé qu'il étoit necessaire de vous envoïer Epaphrodite, mon Coadjuteur, & mon Compagnon dans mes combats : il a esté malade, & proche de la mort : mais Dieu aïant pitié de lui & de moi, me l'a conservé, afin que je ne fusse accablé de tristesse.*

Aux Philip. c. 2.

Si, suivant l'oppinion des Savans, la communication que les Anges & les Ames bienheureuses ont ensemble, leur cause un contentement incomparable, qui pourroit douter que nous n'aïons un extrême besoin de converser les uns avec les autres, pour entretenir la charité que doivent avoir les veritables Chrétiens ? C'est ce que le Sauveur du monde nous a voulu enseigner par ces paroles : *Oignez vôtre chef, & lavez vôtre face*, parce qu'au sentiment de S. Bernard, elles ne signifient autre chose, qu'une douce & agreable conversation, & un maintien exterieur, qui paroît toûjours joïeux & content.

C'est peu de chose de connoître la necessité & l'utilité de la conversation, si l'on ne fait pas le discernement des personnes avec lesquelles il faut converser,

& la maniere de se comporter avec discretion & avec moderation dans les entretiens familiers que l'on peut avoir, soit avec les personnes amies, ou avec les indifferentes ; nous y devons rechercher avant toutes choses la vertu, l'esprit, & l'amitié.

La vertu rend les personnes édifiantes ; l'esprit les rend agrables, & l'amitié les rend charmantes : Si ces trois choses manquent, la conversation est ennuïeuse & penible.

Il est constant, qu'il n'y a que les personnes vertueuses, spirituelles, & d'un bon-naturel, qui soient capables d'une belle conversation. La vertu a quelque chose de si grand, que le Sage nous « avertit de rechercher plûtôt d'estre re- « pris & corrigé par les judicieux & « par les prudens, que d'estre loüé par « les foûs & par les indiscrets. Et le Roi « Prophete nous apprend la même chose, quand il dit, Que l'huile du pecheur « n'engraisse point mon chef, & que ses « paroles trompeuses n'entrent point dans « mon ame ; c'est à dire, que la sagesse « doit estre inseparable du divertissement des personnes libres, la moderation étant leur propre caractere.

Si l'esprit n'est joint à la vertu, la conversation ne sauroit estre agreable ; car ce n'est que par la maniere de s'énoncer, & de fournir des sujets capables de la soutenir, qu'elle peut estre divertissante. C'est pourquoi Platon a mis fort à propos l'entretien des personnes particulieres au rang des Genres oratoires; afin de nous faire comprendre qu'il faut estre spirituel & éloquent pour converser avec plaisir & avec utilité.

Quelque vertueuses, quelqu'éclairées que soient les personnes d'une Societé, s'il n'y a de l'amitié entr'elles, elles seroient bien-tôt dégoûtées les unes des autres; car il n'y a point d'attraits plus puissans pour gagner nos cœurs, & pour nous faire trouver du plaisir dans la conversation de nos semblables, que la connoissance que nous avons qu'ils nous aiment, & qu'il nous voïent de bon œil: Sans doute que c'est la vie joïeuse dont parle un Philosophe, dans laquelle il fait consister la felicité des hommes.

Epicure, Plutarque, Tome 1.

Si les personnes qui vivent sans engagement, sont assez heureuses pour en trouver d'autres, dont la sagesse, l'esprit, & l'amitié rendent leur conversation aussi profitable que divertissante; elles auront grand soin de les conserver: parce que n'aïant point de famille, ni de societé engageante, où l'on trouve mille occasions de divertissement; il faut d'une necessité absoluë, choisir quelques personnes, & se regler certains tems pour parler & pour se recréer ensemble; autrement l'esprit succomberoit sous un travail trop assidu.

Ce n'est pas neanmoins que dans ces recreations il soit permis de s'émanciper, soit en gestes, soit en paroles; le Saint-Esprit nous apprend dans l'Ecclesiastique, la maniere de bien parler: *Si tu as* Ec. 5.
de l'esprit, répons à ton prochain en assurance, dit-il par la bouche du Sage; *sinon que ta main soit sur ta bouche, afin que tu ne sois pris en paroles sans discipline, & que tu ne demeures étonné & confus.* Ce Passage renferme un si beau sens, que les personnes libres n'ont pas besoin d'autres preceptes pour se bien conduire dans la conversation.

Il faut seulement prendre garde à distinguer les personnes ausquelles nous parlons; car l'on doit toujours avoir du respect pour celles qui sont les plus qualifiées; de la civilité envers celles qui sont égales, & de la familiarité à l'égard de celles qui sont amies; envers toutes enfin, il faut de la prudence, de la douceur, & de la discretion. Platon nous apprend à rechercher plûtôt la familiarité des esprits doux & débonnaires, que celle des violens & des emportez, quand même elle seroit plus agreable en apparence.

Les Neutralistes qui sont sages & bien avisées, évitent dans la conversation, les paroles de raillerie, les termes équivoques qui offensent le prochain, & tout ce qui n'est pas conforme à la bienséance, avec autant de soin que la médisance & les calomnies apparentes & manifestes.

C'est une chose étonnante, que la bizarrerie de l'esprit des hommes, qui se maltraitent souvent les uns les autres sans sujet; car de même que la bienveillance, qui n'est au sentiment d'Aristote, qu'une legere affection, se forme en un moment & à la rencontre des personnes; ainsi ces aversions & ces antipathies, qui n'ont point de cause juste & raisonnable, sont formées en un instant: neanmoins elles ne laissent pas de servir de principes à des haines, qui sont préjudiciables à la charité, particulierement lors que les conversations sont frequentes.

Morale, l. 9. ch. 5.

Ce n'est pas assez de bien regler ses paroles dans les entretiens ordinaires, il faut encore s'appliquer à bien conduire ses regards, ses gestes & toutes ses actions; parce que la force ou la legereté de l'esprit se fait remarquer en toutes ces choses, & qu'il est plus facile de se licentier dans la conversation, à cause que l'esprit, pour lors libre & desoccupé des choses serieuses, n'est point capable d'une grande retenuë.

Les conversations ordinaires sont tres-differentes : Il y en a de spirituelles, de politiques, d'interessées, d'agreables, de penibles, de divertissantes, & de criminelles : Les unes se font par civilité ; les autres par coutume ; il y en a qui se font par obligation ; d'autres par consideration, & quelquefois par inclination ; & toutes choses bien considerées, on en pourroit faire une division fort ample, aussi-bien que des effets qu'elles ont accoutumé de produire. Il n'est pas necessaire de s'arrêter à toutes ces distinctions ; parlons seulement de ces entretiens, qu'on nomme *agreables*, & de ceux qui leur sont opposez, lesquels par cette raison, s'appellent *penibles*.

Les personnes qui passent leur vie dans le Celibat, étant sans engagement de famille, & sans commerce de libertinage, ne peuvent avoir que des conversations divertissantes & agreables, ou penibles & fâcheuses : On doit rechercher les unes, & on peut éviter les autres.

Le plaisir que nous recevons dans l'entretien de nos amis, ou des personnes indifferentes, ne peut venir que du côté de ceux avec qui nous conversons, ou des discours que l'on y entend. Quand les personnes sont vertueuses, spirituelles & bien affectionnées, & que l'on parlé, ou de choses utiles, ou de choses agreables, on ne manque jamais d'avoir une conversation utile & divertissante ; les personnes heureuses y trouvent une espece de délices, & les affligées sentent leurs peines soulagées.

Tout le monde n'a pas le talent de plaire ni de se revêtir de certaines qualitez engageantes, qui servent d'attrait à la conversation ; mais tout le monde a le pouvoir de ne point dire de paroles piquantes, fâcheuses, offensantes & bouffonnes. Et si l'on y rencontre des personnes déraisonnables, c'est un bonheur de s'en separer pour se faire une Societé plus avantageuse. Le Roi Prophete nous avertit de nous en donner de garde,
Ps. 118. lors qu'il dit à Dieu : *Les méchans m'ont raconté des fables ; & en toutes leurs paroles il n'y avoit pas un mot de vôtre sainte Loi ; c'est pourquoi, Seigneur, je dessechois de crainte, voïant les prevaricateurs de vos Commandemens.*

Pour ne pas tomber dans ces inconveniens, il faut avoir un œil de raison & de prévoïance, afin de pouvoir dire avec un ancien Philosphe * : *Je ne veux pas converser avec les uns, parce que je ne les*

* Theocrite.

connois pas ; ni avec les autres, parce que je les connois trop.

CHAPITRE XIII.

De la Retraite & de la Solitude.

CE n'eſt pas ſans raiſon que je preſente la Retraite aux perſonnes libres, aprés la converſation, puiſque la perfection de leur état demande qu'aprés avoir rendu à Dieu le culte qu'on lui doit par la Priere & par la frequentation des Sacremens, & au Prochain les aſſiſtances, & les ſecours que la charité demande; il faut encore s'acquiter d'un troiſiéme devoir à l'égard de ſoi-même; aimer la ſolitude, s'avancer par le travail, & ſe corriger par la reformation des mœurs & des paroles.

C'eſt par ces trois ſortes de devoirs, que l'on emploïe parfaitement le tems, qui eſt ſi precieux aux ames Chrétiennes; & quoique je faſſe ſuivre des choſes ſi oppoſées en apparence, comme la Converſation & la Solitude, neanmoins c'eſt une ſuite qui n'eſt pas ſans rapport, puiſque c'eſt une choſe impoſſible de perſeverer dans la Retraite, ſans la douceur de la Societé, & qu'en la vie preſente ces deux choses doivent se succeder l'une à l'autre.

Entre tous les moïens, par lesquels on peut se perfectionner, la Solitude en est un des plus efficaces : C'est par elle que nous avons le tems de cultiver nos esprits, & d'apprendre la maniere de bien vivre: c'est le lieu des belles reflexions; elle nous fait approcher de Dieu plus facilement, nous separe des creatures, & nous fait éviter les discours inutiles, les disputes & les querelles; c'est pourquoi on ne sauroit trop exaggerer les avantages de la Retraite : On peut définir la Retraite, un éloignement des conversations humaines, & un repos exterieur, qui nous fait rentrer en nous-mêmes, pour penser serieusement à nôtre salut, & à nos affaires temporelles.

Que la Retraite soit une separation des creatures, cela n'est point mal-aisé à comprendre; puisque l'on appelle ainsi les lieux écartez & deserts, qui sont sans culture, sans labourage, & sans estre habitez de personne. Mais comme dans ces endroits champêtres & retirez, il s'y trouve des épines, & des bêtes sauvages & venimeuses; de même dans la Solitude on n'est pas exemt de tentation & de peine : c'est pourquoi nous devons la considerer, non seulement comme un moïen qui nous fait rentrer en nous-mêmes, & qui nous unit à Dieu par des pensées plus attentives, mais encore comme un lieu de combat & de souffrance.

Quoi que la solitude des personnes, qui passent leur vie dans le Celibat volontaire, ne soit pas engageante, elle ne laisse pas d'estre plus severe que l'on ne pense; & leur Retraite doit avoir quelque chose de singulier, qui les separe du commerce du monde.

Les avantages de la Solitude doivent les y engager: Premierement, il faut remarquer combien elle est propre à la contemplation des choses divines, & à l'acquisition des connoissances humaines, qui contribuent beaucoup à la perfection de l'esprit. Le Roi Prophete nous apprend cette verité, lors qu'il dit ces remarquables paroles: *Je me suis éloigné en fuïant, & j'ai demeuré dans le desert.* Ps. 54.

Aprés l'autorité de l'Ecriture, il n'y a personne, qui ne demeure d'accord, que la Retraite est d'un secours merveilleux pour bien prier, & pour bien apprendre; c'est par cette raison que le même Psalmiste desiroit les aîles de la Colombe pour voler au Desert, ou d'estre comme un Passereau solitaire, qui fait ſa demeure dans les lieux plus élevez. Auſſi Dieu, parlant de l'Ame Chrétienne, nous apprend qu'il veut la mener dans la Retraite, pour l'entretenir interieurement, la Solitude du corps étant tres-peu de choſe, ſi elle n'eſt accompagnée de celle du cœur. Cela fait » dire à S. Gregoire Pape, que ceux qui » étant au milieu des villes & des com- » pagnies, ſavent r'appeller leur eſprit, » & le dégager de l'embarras des affai- » res, doivent plûtôt paſſer pour Soli- » taires que les autres, leſquels étant » dans une profonde Retraite exterieure, » ſont neanmoins du cœur, & de la pen- » ſée dans les affaires du ſiecle.

Ce n'eſt pas à dire, que l'on doive negliger la Solitude exterieure, à cauſe que l'on en peut abuſer comme des autres choſes les plus ſaintes: Mais cela ſert d'avertiſſement aux perſonnes, qui vivent dans la Retraite, pour ſe rendre plus habiles dans les belles connoiſſances, & plus ſubtiles dans le raiſonnement. Plutarque nous apprend, que ceux qui s'adonnent beaucoup à la ſpeculation, ont peu de commerce avec les choſes exterieures, & que par cette raiſon les Anciens bâtiſſoient les Temples des Muſes fort loin des Villes, & donnoient à la Nuit le nom de *Sage*, pour ſignifier que

le

le repos & la solitude servent beaucoup aux exercices de l'esprit.

Ne regardez point de côté & d'autre « par les ruës de la Ville, dit le Sage, « & ne soïez point vagabond par les Pla- « ces publiques. Souvenez-vous toujours « qu'il vaut mieux estre dans la Maison « de retraite & de larmes, que dans celle « de festin & de réjouïssance. Le cœur « des Sages étant où se trouve la tristesse, « & celui des sots, où est l'abondance « & la joïe. Grande consolation aux personnes qui passent leur vie dans le Celibat.

Ecclesf. c. 9. & Ecclesiast. c. 7.

Seneque nous dit mille belles choses à ce sujet, & les paroles suivantes sont dignes de remarque : Il n'y a rien qui « profite davantage, que de vivre en re- « pos, & ne parler à personne que le « moins que l'on peut, pour avoir plus « de loisir de s'entretenir soi-même, & « éviter les surprises où l'on peut tom- « ber, en conversant avec les autres. Le « parler a une certaine douceur, qui nous « surprend, & qui nous fait découvrir « nos secrets comme l'amour & l'y- « vresse. «

Ep. 105.

Scipion, lequel par sa valeur, conquit toute l'Afrique, connoissoit tres-bien cette importante verité, quand il disoit, que *jamais il n'étoit moins seul que quand il étoit sans compagnie* ; c'est qu'il remplissoit si bien son esprit de choses utiles, que la Solitude, ennuïeuse aux ames avides de bonnes pensées, lui étoit agreable & delicieuse, lors qu'il pouvoit échapper à ses grandes affaires.

Si nous apprenons des Naturalistes, que les plus precieux métaux sont renfermez dans les entrailles de la terre, nous devons aussi apprendre des spirituels que les plus grands tresors de vertu, de lumiere & de connoissance, se trouvent dans les lieux solitaires & écartez. Il semble que la Grace & la Nature ont en cela beaucoup de rapport, l'une & l'autre aïant coutume de faire leurs plus excellens ouvrages dans le silence & dans le secret. Un Moderne dit à ce sujet, que l'une des grandes merveilles de la Religion, c'est que les ames veritablement Chrétiennes se plaisent davantage dans la solitude, que dans le commerce & dans le divertissement.

Que les personnes libres apprennent du Prophete Isaïe à se perfectionner dans
Ch. 40. leur retraite : *Faites qu'en solitude les sentiers de nôtre Dieu soient justes & droits*, dit-il ; *car les plus hautes montagnes seront abaissées, & les vallées seront élevées & sublimes, & les chemins âpres & difficiles seront redressez, & applanis.* On ne

sauroit jamais s'imaginer des expressions plus fortes en faveur de la Retraite, ni des promesses plus avantageuses pour ceux qui la cherissent ; car on y peut remarquer une sublimité d'esprit & de pensée, une droiture qui s'oppose aux détours malicieux de ceux qui suivent les maximes du monde, & une facilité dans les choses les plus insupportables : Aussi nous apprenons d'un autre Prophete, qu'*il n'y a rien de plus excellent que d'attendre en solitude & en silence, le salutaire de Dieu*. *Jeremie, ch. 3. des Lament.*

Il est si difficile de réüssir dans les affaires de nôtre salut sans la Retraite, que le Sauveur du monde nous en a voulu donner l'exemple, aïant passé les trente premieres années de sa vie dans une continuelle solitude ; & des trois dernieres qu'il a conversé parmi les hommes, il en a passé une partie en priere, & retiré en des lieux solitaires & écartez ; il nous exhorte même de nous retirer en secret pour prier nôtre Pere celeste, qui connoît les choses les plus cachées. *S. Matth. c. 16.*

La remarque que fait un Pere de l'Eglise au sujet de la sainte Vierge, merite bien d'estre considerée en cet endroit ; elle servira beaucoup à nous faire comprendre l'excellence de la Solitude, sans laquelle, dit ce grand Homme, elle n'auroit pas esté choisie pour estre la Mere de Dieu. L'Ecriture Sainte ne l'a appellée *Mere de Jesus*, que dans les tems où elle a esté retirée & solitaire ; c'est ce que nous pouvons remarquer, lors qu'elle étoit à l'écart dans l'étable, & sur les montagnes de Judée, où les Evangelistes & sainte Elisabeth l'ont honorée de ce beau nom. Au contraire, lors qu'elle paroît en public, le Sauveur ne l'appelle plus sa mere, ainsi qu'il arriva au Temple, lors qu'elle le trouva au milieu des Docteurs, & sur le Calvaire, où il ne lui donna point d'autre qualité que celle de *femme*. Les personnes sans engagement ne pourront jamais imiter ces deux incomparables modeles, si elles n'aiment la Retraite & la Solitude.

Puisque l'on reçoit de si grands avantages d'estre retiré, & d'estre occupé au dedans de soi-même, il faut par une consequence necessaire, conclure, qu'on se fait un grand tort de negliger la Retraite ; car de même que l'air se corrompt par le voisinage des pourritures, pareillement l'esprit humain reçoit des impressions corrompuës par la societé des Creatures.

Non seulement on évite les occasions d'offenser Dieu, en se retirant de la conversation trop frequente des Creatures, mais aussi on s'exemte soi-même de plusieurs mécontentemens : Les entretiens inutiles sont souvent mêlez d'amertume, & suivis d'un certain dégoust, qui fait regreter le tems mal emploïé en des divertissemens trop humains. L'on s'y trouve aussi quelquefois maltraité par le caprice & par le peu de raison de ceux à qui l'on parle ; & par les moïens que l'on prétendoit s'acquerir des amis, l'on se fait des ennemis, & l'on experimente de l'ennui dans les mêmes choses où l'on s'étoit proposé de la joïe & du plaisir.

CHAPITRE XIV.

Sur le même Sujet.

LA Solitude qui renferme tant de biens, & qui nous preserve de tant de maux, n'en est pas tout à fait exemte ; & les personnes qui l'embrassent, en experimentent souvent de tres-fâcheux : Les tentations du demon y sont ordinaires ; la tristesse s'y trouve assez souvent, & il est presque impossible que l'on n'y souffre de la difficulté : A moins que d'avoir du courage & de l'attrait interieur, on ne sauroit parfaitement aimer la Retraite. Les personnes libres qui s'y engageroient par crainte & par pusillanimité, n'y pourroient bien réüssir ; ces Solitudes foibles & craintives sont indignes du merite de leur vocation.

Le visage de l'homme courageux doit estre le miroir de son ame, dit Aristote, où l'on puisse connoître à découvert ses dispositions interieures. Les personnes qui vivent dans le Celibat, se doivent remarquer par cette genereuse sincerité, sans que leur Retraite diminuë la force de leur courage. Le moïen, si elles ne sont magnanimes, de pouvoir resister aux ennuis qui se trouvent dans la Solitude ? La leur n'est pas un dessein de se tenir à couvert des persecutions & de la médisance du monde ; leurs sentimens doivent estre si purs, & leurs inclinations si bien reglées, que leur integrité paroïsse évidemment dans leur conduite exterieure, qui n'est retirée que pour estre plus reguliere : Elles vivent en particulier comme en public, & dans leur Maison comme dans un Temple.

L'opinion la plus commune est que la Retraite ne doit estre ni sauvage, ni continuelle, mais dirigée par la raison, & selon les dispositions particulieres de chacun. Seneque en parle de cette maniere : Ep. 32
» Une petite partie du tems se doit passer
» dans la conversation ; mais la plus

grande se doit reserver pour la Solitu- «
de. Celle-ci nous fera desirer la So- «
cieté, & celle-là nous fera souhaiter à «
nous-mêmes : L'une servira de remede à «
l'autre : La Solitude guerira les ennuis «
que peuvent causer les compagnies ; & «
les compagnies soulageront la tristesse «
qu'apporte la Solitude. «

Comme l'humeur grave & serieuse est inseparable de la Solitude, plusieurs la confondent avec la mélancolie, & veulent faire passer pour tristes, fâcheux & chagrins, ceux qui vivent dans la Retraite, & qui s'écartent de la conversation du monde. Pour ne point embarasser ces deux choses, il faut remarquer qu'il y a une tristesse naturelle, qui vient du temperament du corps, une autre qui reside dans l'esprit & qui vient des fâcheux accidens de la vie humaine, & une troisiéme qui prend son origine de la vertu. La premiere prend naissance avec nous ; la seconde est causée par les afflictions qui nous arrivent, & la troisiéme est un ouvrage de la raison & de la volonté.

C'est à cette derniere tristesse qu'il nous faut arrêter, parce que c'est elle qui produit l'esprit de penitence, si necessaire aux personnes qui passent leur vie en retraite. Saint Paul en parle, écrivant aux Thessaloniciens : Ne soïez pas ignorans « Th. 4.

» touchant ceux qui dorment, afin que
» vôtre tristesse soit accompagnée d'espe-
» rance; car si nous croïons que Jesus-
» Christ est mort & ressuscité, pareil-
» lement ceux qui reposent en lui, Dieu
» les ressuscitera au dernier jour.

Nous devons considerer que dans la Loi ancienne on ne destinoit aux holocaustes & aux oblations qui s'offroient pour l'expiation des pechez, que les tourterelles & les colombes, à cause qu'entre les oiseaux ce sont ceux dont le chant triste & mélancolique nous fait remarquer les larmes, & les gemissemens d'une vie penitente. Surquoi nous devons considerer, que ces sacrifices n'étoient pas libres & volontaires, comme ceux des Hosties pacifiques, pour nous faire connoître que la Retraite qui conduit à Penitence, est d'obligation, & non pas d'un choix si libre, que plusieurs le pensent.

2. 2. q. 102. ar. 3. Saint Thomas nous apprend cette grande verité, & nous avertit de discerner la tristesse; qui est selon Dieu, d'avec celle qui est naturelle, quand il nous assure que celle-ci est une maladie de l'ame, & que celle-là en est la medecine. L'une est excessive, & l'autre moderée: La premiere nous porte à la vertu, & la seconde nous en dégoute: neanmoins au

2. 2. q. 32. ar. 4.

sentiment de ce grand Docteur, il peut arriver que la tristesse qui vient du temperament, est quelquefois utile aux affligez ; & par un effet surprenant, les larmes, les gemissemens & les soupirs, par lesquels on fait connoître au dehors les sentimens d'une grande tristesse, servent à la soulager.

Selon S. Jean Climaque, la bonne « tristesse est fort necessaire à la Retraite, « n'étant autre chose qu'une affliction de « l'esprit, & un ressentiment de l'ame « touchée du regret de ses pechez, qui « lui fait rechercher avec une sainte fu- « reur, la possession du souverain bien. «

Degré 7. de son échelle.

Seneque nous parle de la tristesse trop humaine & dangereuse en ces termes : C'est une maladie d'esprit, qu'il n'est « pas en nôtre puissance de moderer en- « tierement, à cause que les passions n'o- « beïssent pas toujours à la raison, & « sur-tout celles qui naissent de la dou- « leur : Elles sont rebelles aux remedes, « parce que l'ame pour estre immortelle, « ne laisse pas d'estre sujette à la crainte « & à l'ennui : Elle est sensible aux dé- « plaisirs, aux outrages, & autres afflictions, qui causent la douleur, comme les maladies, les excés & les blessures le sont de celles que ressent le corps.

La mélancolie qui vient du temperament, lors qu'elle est corrigée par celle qui est selon Dieu, n'est point dangereuse aux personnes qui vivent en solitude, pourvû qu'elle ne soit pas de celle dont parlent les Physiciens, qui nous apprennent qu'il y a une mélancolie froide & seiche, qui est si grossiere, qu'elle est au sang ce que la lie est au vin.

Ces deux sortes de mélancolie, naturelle & humaine, peuvent estre corrigées par des occupations reglées, & par un travail d'esprit moderé. L'application aux belles choses divertit les fâcheuses idées de la tristesse, & les empêche de faire des impressions dangereuses dans une ame.

Comme les personnes qui professent le Celibat volontaire, sont fort passionnées d'une tristesse judicieuse, qui est la gardienne de leur continence & de leur solitude ; elles doivent estre aussi extrêmement soigneuses de ne point tomber dans les accidens d'une mélancolie dereglée, afin que leur retraite ne ruïne pas la santé de leur corps, ni les bonnes dispositions de leur esprit : Au contraire, c'est par la solitude qu'on les doit entretenir & augmenter : Et comme la Retraite exterieure n'est pas également au pouvoir de tout le monde, on en doit avoir une autre toute secrette & interieure, qui soit indépendante des lieux & des personnes.

Saint Jerôme, écrivant à deux Saintes de son tems, qui suivoient la vie dégagée, l'une dans le veuvage, & l'autre dans la virginité, leur donne des preceptes qui peuvent servir de regle à celles qui vivent presentement : Dans son Epître à la premiere, * aprés avoir dit, que Rome, Capitale de l'Univers, étoit le theatre des saints Martyrs, le centre de la verité, & le siege de la Religion Chrétienne ; il ne laisse pas de l'exhorter d'en sortir promptement, & de se retirer à Jerusalem, par ces pressantes paroles : L'ambition, la « puissance, & la grandeur de la Ville, « dans laquelle on ne sauroit éviter de « voir ni d'estre vû, de recevoir des com- « plimens & d'en rendre, de loüer ou « de médire, d'écouter & d'estre écouté, « & de vivre parmi une si grande con- « fusion de monde, sont des choses « extrêmement contraires à l'amour de la « solitude, & à la tranquillité de la Re- « traite. «

* Sainte Marcelle, Ep. 6. l. 2.

Il parle en ces termes à la seconde : * Allez rarement par la Ville ; car vous « ne manquerez jamais d'occasion de sor- « tir, si vous le voulez faire autant de « fois qu'il sera necessaire : & si vous « ressentez l'homme exterieur jetter des « soupirs en la fleur de vôtre âge, & «

* Sainte Eustoquie, Ep. 16. l. 2.

» que la volupté avec ses artifices, vien-
» ne vous attaquer, armez-vous du
» bouclier de la Foi, pour repousser les
» traits enflâmez de l'Ennemi. Veillez &
» soïez comme un Passereau dans la So-
» litude, & demeurez toûjours retirée en
» vôtre chambre, afin que vôtre Epoux
» celeste s'entretienne avec vous au fond
» de vôtre cœur. Je ne veux pas que
» vous le cherchiez dans les ruës, ni
» dans les places publiques: Laissez cou-
» rir les Vierges folles, & demeurez en-
» fermée avec vôtre Bien-aimé.

CHAPITRE XV.

Du Travail.

LEs Dieux immortels, disoient les anciens Philosophes, vendent la vertu aux hommes mortels au prix du travail & de la peine; car c'est la seule monnoïe qu'ils demandent pour le païement des bienfaits, qu'ils leur communiquent. A quoi serviront tant de facultez, tant d'organes, & tant d'habitudes que nous avons reçû de Dieu, si nous demeurons inutiles, oisifs & sans exercices? Le travail est un precepte que le Seigneur fit à nos premiers Parens, non seulement pour les punir de leur desobeïssance; mais encore pour les perfectionner, & par-là reparer les desordres que le peché leur avoit causé; ce qu'ils ne pouvoient faire que par le travail continuel d'une vie laborieuse & pénible.

L'homme étant composé d'ame & de corps comme de deux parties essentielles, qui établissent sa nature animale, & sa condition raisonnable; son travail doit estre double, l'esprit doit agir d'une façon, & le corps d'une autre, chacun selon leur capacité, & selon les facultez dont ils sont pourvûs. Demeurer inutile & sans action, c'est cacher en terre les tresors naturels qu'on a reçus de Dieu; & c'est encourir la malediction du Pere de famille, lequel dans l'œconomie du Monde a destiné les creatures doüées d'intelligence, à des occupations toutes singulieres & relevées.

Comme dans les maladies qui arrivent au corps, il faut selon le sentiment de Galien, user d'alimens de qualité contraire: par exemple, dans les fiévres chaudes, se servir de remedes & d'alimens froids & humides; de même dans les infirmitez de l'ame l'on doit leur opposer tout ce qui est contraire à leur foiblesse, afin de les guerir; & comme il n'y a rien de plus dangereux à la santé de l'eſprit, que l'oiſiveté; c'eſt par le travail qu'on la ſurmonte, & qu'on évite les malheurs, où elle entraîne les perſonnes negligentes. C'eſt pourquoi je le preſente aux Neutraliſtes, comme le ſecond moïen qui leur doit ſervir, afin de retrancher tout ce qui eſt imparfait en elles, & pour acquerir les qualitez vertueuſes & honnêtes, par leſquelles on ſe peut rendre agreables à Dieu, & paroître dans le monde avec honneur & bienſéance.

Que deviendroient les perſonnes ſans engagement, & ſur-tout celles qui vivent en retraite, ſans l'occupation du travail? On peut le comparer à une eſpece d'aiman, dont parlent les Naturaliſtes, qui attire le fer d'un côté, & le repouſſe de l'autre, qui guérit de pluſieurs maladies, & qui a d'autres proprietez fort remarquables. On peut facilement connoître que le travail a des effets beaucoup plus utiles & plus extraordinaires, puiſque par ſon moïen l'on peut éviter ou repouſſer les attaques & la violence des tentations, & attirer en ſoi-même les bons deſirs & les ſaintes penſées: les vices peuvent eſtre déracinez, la ſanté du corps affermie, & la facilité d'agir augmentée.

Comme nous avons remarqué, que

[margin: ... de B. ... 16.]

l'homme est composé de deux parties principales, & par conséquent, que le travail dont il est capable, regarde son corps & son esprit : il faut voir en quoi cela consiste, & de quelle maniere il faut éviter l'oisiveté. Pour commencer par l'esprit, qui est ce que nous avons de plus considerable, nous devons prendre garde à quel travail il est propre, & où s'étend sa puissance operative, qui n'est autre chose qu'une raison intelligente & éclairée, qui se perfectionne par l'exercice, la speculation, & les enseignemens.

Tout ce qui se fait pour acquerir de belles connoissances, se peut nommer étude & travail : mais comme j'en ai traité dans un Livre particulier, il n'est pas necessaire d'en parler en cet endroit. Ce que j'en ai dit au XVII. Chapitre du Livre second, suffira pour engager les personnes libres à s'occuper l'esprit de choses graves & serieuses.

Nous apprenons d'un ancien Poëte, *Phedrus* qu'autrefois les Dieux prirent sous leur protection, de certains Arbres, dont ils se rendirent les Patrons & les Tutelaires. Jupiter aïant choisi le Chêne, Apollon le Laurier, Venus le Myrthe, & ainsi des autres : Minerve fort surprise de ce qu'ils s'arrêtoient à des arbres steriles

& infructueux, choisit pour elle l'Olivier, dont le fruit est si doux & si necessaire à tant de sortes d'usages : elle en fut estimée par toutes les autres Divinitez, qui approuverent son choix, comme le plus sage & le plus judicieux. Que pouvons-nous dire au sujet des personnes qui embrassent le Celibat, sinon que c'est à elles de prendre le parti de la Déesse des Sciences, & de choisir le travail laborieux de la Speculation, dont les fruits sont si abondans, & les utilitez si admirables : Pour en profiter, elles peuvent hardiment laisser aux autres les travaux infructueux, qui ne tendent qu'aux grandeurs du monde, aux délices, & aux plaisirs des sens.

Le travail de l'esprit peut estre double, en ce que par la vertu des habitudes interieures, il peut faire des productions spirituelles & contemplatives, qui demeurent en lui-même : ou bien il les produit au dehors, en les communiquant de paroles, ou en les traçant par écrit sur le papier, que nous pouvons appeller un fidele Dépositaire, qui rend ce qu'il a reçu autant de fois que l'on veut : il est toujours prest de se representer à son auteur, & à tous ceux qui le veulent entretenir, & participer à ses lumieres.

Quoique

Quoique le travail de l'esprit se puisse faire en tout temps, il y faut remarquer de la difference, le matin étant plus propre pour la speculation, que les autres heures du jour; parce que l'esprit nullement troublé par les accidens qui arrivent, ni préoccupé par la diversité des objets, fait ses réflexions avec plus de liberté, que sur le soir: alors il est prévenu & diverti par mille choses differentes; & le corps accablé des fatigues qu'il a souffertes, n'est pas en état de lui rendre service dans ses applications abstraites.

Si les personnes qui passent leur vie sans engagement, sont assez heureuses pour estre élevées de bonne heure dans le travail de l'esprit, ou que d'elles-mêmes sans en estre sollicitées, elles commencent de s'y adonner dans leur jeunesse, c'est une faveur du Ciel, qui se doit mettre au rang des plus precieuses, & de celles dont il faut remercier Dieu. Mais si au contraire elles se trouvent dans un âge avancé, sans éducation, & sans avoir eu le soin de cultiver leur esprit, elles ne doivent point perdre courage: qu'elles se souviennent d'un sage Romain, lequel en sa vieillesse s'appliqua à l'étude, afin de reposer, divertir, & consoler son esprit, accablé de

Lucullus. Plutarq. en sa vie.

milles affaires importantes & chagrinantes. La sagesse d'un age avancé, fortifiée par la lecture & par la méditation de l'Ecriture-Sainte, peut produire la fecondité de l'esprit, & peut rendre une Ame fort éclairée, dit S. Jerôme.

CHAPITRE XVI.

Sur le même Sujet.

TOUS les esprits ne peuvent pas s'appliquer au travail de la Speculation, parce qu'ils ne sont pas tous également subtils & pénétrans, & que plusieurs y trouvent de la difficulté, de la répugnance, & de la peine: mais toutes sortes de personnes peuvent indifferemment s'exercer au travail du corps, qui ne demande pas une grande intelligence, ni beaucoup d'application. Un peu de force & d'adresse sont suffisantes pour produire des ouvrages materiels, qui sont necessaires pour l'entretien de la vie humaine, & pour le soutien de la Société.

Un grave Auteur dit à ce sujet, qu'un travail diligent & moderé est la conservation de la vie presente, le réveil-matin de la nature endormie, le retran-

V. de B. l. 6. ch. 26.

chement des superfluitez, la destruction des vices, la fuite des pechez, la mort des maladies, la medecine des langueurs, le tribut de la jeunesse, le prix du temps, le secours de la vieillesse, un moïen tres-salutaire pour se sauver, & le mortel ennemi de l'oisiveté, qui est la nourrice de tous les maux. Le celebre Personnage, qui nous a laissé ces paroles pour nôtre instruction, n'en pouvoit trouver de plus fortes pour nous persuader la diligence & l'assiduité aux ouvrages des mains, selon qu'ils peuvent estre convenables à chacun dans sa vocation.

Mais afin de ne pas nous méprendre en nous adonnant au travail sans aucune regle, le même Auteur nous enseigne, qu'il y en a de deux sortes; l'un qui n'est ni trop rude ni trop foible, ni trop promt ni trop lent, mais proportionné & conforme à la nature, qui en est entretenuë, soulagée, & perfectionnée; & l'autre trop ardent & immoderé, qui la ruïne & la desseche. Le corps déperit entierement, lors qu'il est trop fatigué; & quand il est sans travail & sans exercice, il tombe dans une paresse, qui le rend foible & chargé de mauvaises humeurs; l'oisiveté étant la source des maladies du corps, aussi-bien que des vices & des pechez de l'Ame.

Le Sauveur du monde, pour nous faire connoître le ſoin que nous devons avoir d'éviter tous ces maux, a voulu reprendre le trop d'empreſſement, que l'on peut avoir dans l'uſage des choſes exterieures, quand il dit à ſainte Marthe, qui ſe plaignoit que ſa ſœur Marie ne lui aidoit pas à le ſervir : *Vous avez du ſoin & de l'inquietude de beaucoup de choſes : & cependant une ſeule est neceſſaire ; Marie a choiſi la meilleure part, qui ne lui ſera point ôtée.* Il faut remarquer ici, que le Seigneur ne condamne point le travail de ſainte Marthe, mais ſon empreſſement ; c'eſt-à-dire, que nous devons eſtre aſſidus à l'un, & éviter l'autre autant que nous pourrons.

S. Luc, ch. 10.

Dans le temps que les perſonnes dégagées s'occupent au travail des mains, elles prennent bien garde de tenir leur eſprit libre de ces empreſſemens, qui ne ſervent qu'à le troubler, & à mettre des obſtacles aux bons effets, que le travail a coutume de produire : c'eſt une choſe certaine, que le travail n'eſt pas moins utile aux ames, qu'aux corps ; & l'on voit d'ordinaire, que les perſonnes laborieuſes ſont plus ſpirituelles, plus inventives, plus adroites, plus fortes, & plus robuſtes que celles qui ſont ennemies du travail.

C'eſt par ces raiſons qu'entre toutes les Nations de la terre on a toujours porté du reſpect aux perſonnes diligentes & promtes à travailler. Plutarque nous apprend que les anciens Grecs ordonnerent, que les jeunes-gens ne ſe mettroient à table pour prendre leur refection, qu'aprés avoir rendu compte à leur Maître, de ce qu'ils auroient fait depuis le point du jour juſques à l'heure du répas ; & ils étoient renvoïez à jeun, s'ils n'avoient pas emploïé le temps en quelque choſe d'utile ; comme à reconcilier les ennemis, à expedier les affaires domeſtiques, ou à inventer quelques nouveaux ouvrages. Ils ſavoient bien, que les perſonnes oiſives ſont ſujettes à pluſieurs défauts ; & c'eſt par cette raiſon, qu'ils avoient des Loix, par leſquelles le travail leur étoit ordonné avec une ſeverité ſi grande, que jamais ils n'étoient inutiles ; & par ce moïen il n'y avoit aucun païs, où les perſonnes fuſſent plus ſaines, plus fortes, & plus robuſtes que dans Lacedemone.

C'eſt une choſe ſi loüable de ſe bien occuper, que l'oiſiveté & la negligence paſſent dans le monde pour ridicules ; car de même que des perſonnes laborieuſes ſont beaucoup eſtimées, les négligentes ſont toujours dans le mépris ;

elles sont inutiles dans la societé : si ce n'est que leur paresse étant comparée à la diligence des autres, l'on en connoît mieux le merite, & on en fait plus d'état par l'opposition des qualitez contraires.

Une jeunesse sans emploi & sans travail, tombe facilement dans les vices qui perdent l'ame, & dans la pauvreté, qui ruine le corps, & qui détruit la fortune. Le Saint-Esprit nous fait connoître cette verité, lors qu'il dit dans l'Ecclesiaste, que *l'adolescence & la pauvreté sont des choses vaines* ; c'est-à-dire, inutiles & sujettes à beaucoup de miseres.

Seneque dit qu'entre tous les maux du monde, la pauvreté est le plus à craindre ; neanmoins nous pouvons soutenir qu'on peut y remedier par la diligence & par le travail. Aussi nous y sommes invitez par tout ce qui est dans la nature, qui ne veut rien souffrir d'inutile, comme nous le pouvons remarquer dans les Mouches à miel & dans les Fourmis, dont les unes cherchent leur pâture sur les montagnes, dans les prez & dans les jardins avec une merveilleuse diligence, & les autres ne manquent jamais de faire leur provision pour l'hiver dans le temps de la recolte.

Quelque spirituelles que puissent estre

les personnes qui n'ont point d'engagement, elles ne doivent point negliger le travail des mains, parce qu'il est de bienseance & d'utilité. Encore que les ouvrages des personnes du sexe ne soient point capables de rendre leur esprit fort éclairé, il ne faut pas que cette raison les rende negligentes : on peut regler sa journée, & avoir un temps pour le travail de l'esprit, & un autre pour celui des mains.

CHAPITRE XVII.

De la moderation en paroles.

LA langue, pour estre tres-petite en quantité, ne laisse pas d'estre extrêmement diffuse & étenduë en ses effets, à cause que la plus grande partie des biens & des maux, qui arrivent dans le monde, ont leur commencement, leur progrés, & leur consommation par son moïen. Le Saint-Esprit nous apprend cette verité par ces paroles : *Celui qui garde sa langue, garde son ame ; & celui qui n'est pas prudent en ses discours, sentira bien-tôt du mal. Aussi la bouche du Sage est un tresor, & celle de l'indiscret est abondante en tous les maux.* Il ne faut

Prov. c. 13. &c.

donc pas s'étonner si la vie & la mort sont au pouvoir de la langue, & si l'homme ne sauroit la gouverner sans l'assistance particuliere de Dieu.

Les personnes libres ne sauroient jamais douter, qu'elles n'aïent un extrême besoin du secours de la grace pour parler à propos. C'est ici une des grandes qualitez, qui doit estre inséparable de leur vocation. L'activité naturelle que nous avons de nous épancher en paroles, est si grande, & les occasions de la suivre, si frequentes, que saint Jacques dit, que *celui qui n'offense point par la* Chap. 1. *langue, est un homme parfait, qui peut tenir tout son corps en bride; c'est pourquoi, mes freres, soïez promts à écouter,* dit ce grand Apôtre, *tardifs à parler, & difficiles à vous mettre en colere.*

Epist. 1. ch. 3. » Qui veut aimer la vie, & avoir des » jours heureux, dit l'Apôtre S. Pierre, » qu'il empêche que sa langue ne se porte » à la médisance, & que ses lévres ne » prononcent point de paroles de men» songe. C'est ici un abregé des grands avantages, que l'on peut tirer de la moderation des paroles, à laquelle on promet une felicité de longue durée. La vie, dont parle le Prince des Apôtres, n'est pas seulement temporelle, elle passe bien plus avant, puisqu'elle ne doit jamais finir

nir : c'est la recompense future, qu'il nous fait esperer, comme étant digne de la plus grande victoire, que nous pouvons remporter sur nous-mêmes, en reglant si bien nos discours, que jamais nous ne tombions dans le desordre d'une langue indiscrete & peu mortifiée.

Dans le grand nombre de paroles le peché s'y trouve, dit le Sage ; comme au contraire, celui qui les retranche, évite beaucoup de maux, & doit passer pour un homme prudent. Bonheur incomparable pour les Neutralistes, si elles peuvent meriter l'attribution de ces belles paroles ! Prov. 10.

Cette moderation de la langue est d'une si grande importance, que c'est une chose admirable de voir comme en parlent tous les Auteurs sacrez & profanes : nous avons rapporté les sentimens des premiers, voïons ce qu'en ont dit les autres ; car encore qu'ils ne fussent éclairez que des lumieres d'une Philosophie naturelle, on sera surpris, lorsque l'on verra les choses qu'ils ont écrites, de la sagesse qu'il faut avoir en parlant.

Pour les paroles, qui sont les choses du monde les plus legeres, dit Platon, les Dieux & les hommes font païer à ceux qui les disent mal-à-propos, une tres-rude peine : au contraire, le silence n'altere jamais, & n'est point sujet à rendre compte, ni à souffrir aucune punition.

Aristote estime tant cette retenuë en paroles, qu'il met au rang des Magnanimes celui qui sait moderer sa langue. Voici » ses termes: L'homme de courage n'est » pas un grand Parleur, dit ce Philoso» phe, il n'aime point sa propre loüan» ge, ni à entendre médire des autres; » & par consequent il n'est pas de ceux » qui loüent, non plus que de ceux qui » blâment les actions des hommes; & » jamais il n'en parle en mauvaise part, » s'il n'est picqué de l'insolence de quel» ques outrages.

Morale, l. 4.

» Simonides disoit souvent, qu'il ne » s'étoit jamais repenti d'avoir gardé le » silence, mais bien d'avoir parlé; & » Seneque nous assure, que les desordres » des Habitans d'une Cité se font con» noître par la dissolution du langage, » marque infaillible de la vie qu'on y » mene. Le parler d'un homme colere est » plein de courroux; celui d'un homme » d'affaires est promt & empressé; celui » d'un délicat est tendre & coulant: il » en est de même de toutes sortes de » personnes, lesquelles font paroître les » passions de leurs ames par leurs dis» cours,

Mais qui pourroit jamais s'imaginer une plus belle expression, que celle de Plutarque ? Pour nous faire comprendre la grandeur & le merite de cette moderation en paroles, il dit que *nous apprenons des hommes à parler, & des Dieux à nous taire*. N'est-ce pas faire en deux mots une tres-longue Apologie, & nous donner une ample sujet de mediter sur la retenuë, que nous devons avoir en parlant ?

C'est une grande sagesse de savoir se taire en temps & lieu, dit encore ce même Philosophe ; cela est plus à estimer, que les plus beaux discours du monde. C'est pourquoi ceux qui veulent donner une bonne éducation aux jeunes-gens, les doivent rendre souples & obéïssans à la raison, en leur enseignant à écouter beaucoup, & à parler peu.

Un sage Grec voulant faire l'éloge d'Epaminondas, dit qu'il n'avoit jamais trouvé d'homme plus savant, & moins parleur que lui. C'étoit aussi une chose fort usitée entre les anciens Philosophes, d'estre retenus & moderez en paroles ; & ils avoient entre-eux cette maxime de garder le silence & une taciturnité, qu'ils appelloient *sainte* & *mystique*, estimant beaucoup les personnes qui parlent peu & à propos.

Confess. l. 12. c. 1. La pauvreté de nôtre esprit, dit saint Augustin, paroît en l'abondance de nos paroles, car la recherche de la verité parle plus que sa rencontre; & la demande d'une grace est plus longue que son enterinement.

Si les personnes qui passent leur vie dans le Celibat volontaire, savent s'entretenir elles-mêmes, elles ne s'épancheront point en paroles: elles doivent se regler sur l'exemple de JESUS-CHRIST, dont S. Jean Chrysostome dit ces mots: *Le Sauveur du monde n'instruisoit pas seulement par ses paroles, mais aussi par son silence.* Il les enseignoit quelquefois en leur parlant, & il leur parloit aussi quelquefois en se taisant. Les Evangelistes nous l'ont souvent representé pleurant, & jamais riant. Tous les Prophetes nous ont annoncé sa vie penitente, éloignée de tous les vains discours; & les Sibylles nous ont prophetisé la même chose. *Le Grand viendra, & sortira du sein d'une Vierge, & regnera en pauvreté, & dominera en silence*, dit l'une de ces savantes Filles*.

* Europe II. Sybil.

CHAPITRE XVIII.

Les desordres du trop parler.

TOutes les paroles que l'on profere, sont bonnes & necessaires; ou mauvaises & inutiles. On traitera en ce Chapitre, des paroles qui sont ou criminelles ou imparfaites, par lesquelles on peut tomber dans le peché.

Les juremens, les parjures, les maledictions, les querelles, les calomnies, les médisances, les injures, & les mensonges, sont des manieres de parler trop pernicieuses, pour estre proferées par les personnes, qui passent leur vie dans le Celibat volontaire, & dont la conduite est si reguliere, qu'elles apprehendent les moindres défauts: Le Sage les avertit non seulement d'en avoir de l'aver- « sion, mais encore de se donner garde « de ceux qui sont faciles à y tomber. «

Le détracteur & l'homme à double « langue est maudit, parce qu'il en a « troublé plusieurs qui étoient en paix, « dit l'Ecriture : il a dispersé les Nations « de côté & d'autre, ruiné les Citez des « Riches & les maisons des Grands; car « la mauvaise langue embrase la haine, «

Ecclef. c. 28. &c.

» trouble les Amis, separe les femmes
» vertueuses, & les prive du fruit de
» leurs travaux, envoïe l'inimitié au
» milieu des Pacifiques, allume le feu de
» la discorde, répand le sang humain,
» & donne la mort.

Ibid. Et pour nous apprendre les moïens necessaires de nous preserver de tant de
» maux, voici comme il parle ; Envi-
» ronnes tes oreilles d'épines, & n'écou-
» tes point la mauvaise langue ; mets des
» cachets à ta bouche ; & aprés avoir
» fondu ton or & ton argent, fais des
» balances à tes paroles, & des brides à
» tes lévres : prens garde que tu ne pe-
» ches par ta langue, & que tu ne tom-
» bes en la presence des ennemis, qui
» t'observent, parce que ta chûte seroit
» irreparable.

Ces Préceptes sont si beaux, que l'on ne sauroit rien dire qui les égale ; si ce n'est de rapporter ceux que nous a laissé le Sauveur du monde, qui nous dit en S. Matthieu : *Ne jurez point par le Ciel, car c'est le thrône de Dieu ; ni par la Terre, parce que c'est l'escabeau de ses pieds ; ne jurez pas même par vôtre tête, puisque vous ne pouvez faire un cheveu blanc ou noir : mais que vôtre parole soit oüi & non, d'autant que tout ce qui se dit de plus, est peché.* Nous n'avons point de moïens plus efficaces pour nous empêcher de tomber dans le desordre des mauvaises paroles, que cette maniere précise de s'énoncer, par laquelle JESUS-CHRIST nous enseigne à ne rien dire mal-à-propos.

Saint Paul écrivant aux Colossiens, veut que tous leurs discours soient « accompagnez de prudence, de verité, « & de bonne grace, afin qu'ils parlent « toûjours sagement & à propos; & « que jamais les juremens, les détractions « & les mensonges ne se trouvent en « leurs paroles. Il est certain, que toutes « ces manieres de parler sont indignes des Neutralistes: car non seulement les mauvaises paroles les rendroient desagreables à Dieu: mais encore de mauvaise édification devant le monde, qui souffre, avec peine, les défauts des personnes, qui font profession de la pieté. Ch. 4.

Ce n'est pas assez de retrancher les paroles scandaleuses; il faut encore mortifier les inutiles; c'est-à-dire, celles qui sont proferées legerement & sans necessité. Cela peut arriver souvent par l'inclination naturelle, que nous avons à parler; & les plus saints Personnages en ont formé des plaintes contre eux-mêmes. Le plus grand des Prophetes a esté de ce nombre, lors qu'il dit: *Malheur* Isa. c. 6.

à moi d'autant que j'ai parlé, étant un homme immonde, & aïant les lévres impures. Aprés les sentimens de cét Homme évangelique, qui pourroit ne point apprehender la legereté de sa langue, & vivre en assurance d'une chose si foible & si promte à manquer ?

La moindre nouvelle qui excite la curiosité de l'esprit, met la langue en mouvement pour dire ce qu'il en sait, pour s'enquerir de ce qu'il ne sait pas, & pour rechercher toujours mille choses inutiles afin d'en parler : C'est par ce même principe de loquacité, qu'on souffre avec peine la moindre traverse & contrarieté sans murmurer, sans se plaindre, & sans communiquer son mal par ses paroles : marque d'une ame foible & sterile, qui ne sait pas s'entretenir soi-même.

Pour estre encore plus éclairé dans le discernement des paroles inutiles, il se faut souvenir de ce que dit S. Chrysostome, que ce sont celles qui n'ont aucun motif raisonnable pour estre dites, leur fin étant vicieuse, ou au moins imparfaite. Le Sage nous défend ces paroles, lors qu'il nous exhorte à ne point dire legerement les choses que nous aurons veu, de peur qu'aprés nous ne puissions apporter du remede au mal, que nous aurons commis. Il veut aussi que nous traitions nos affaires prudemment, sans jamais communiquer nos secrets aux personnes indifferentes, de crainte qu'elles ne nous en fassent reproche, & ne donnent à connoître ce que nous leur avons dit. Proverb. c. 25.

La langue qui fait tant de desordres, peut aussi causer de grands biens; & ce n'est pas assez aux personnes libres de retrancher ses dereglemens, si elles ne travaillent à la bien conduire; leur moderation seroit imparfaite, si elles se taisoient, quand il est necessaire de parler. « Malheur au silence de ceux qui ne parlent point de vous, Seigneur! disoit « S. Augustin, vous qui faites parler les « muets, & qui rendez éloquente la « bouche des enfans: Malheur encore à « ceux qui n'ont point de langue pour « vous, parce que les plus grands Parleurs ne disent mot, s'ils ne parlent de « vous, qui estes la verité suprême; & « comme tout homme est menteur, donnez-nous vôtre secours favorable, afin « de parler veritablement. « Confess. l. 13. ch. 25. & M. c. 34.

Il n'y a rien, où les hommes soient plus exposez à la critique des uns & des autres, que dans leur maniere de s'enoncer & de s'entretenir ensemble; Caton le Philosophe connoissoit bien cette verité, lors qu'étant averti par ses amis, que l'on trouvoit étrange qu'il parlât si peu, quand il étoit en compagnie; répondit tres-sagement: *Je commencerai à parler, quand je saurai dire des choses qui meritent d'estre écoutées.* Fasse le Ciel que les Neutralistes soient aussi retenues en paroles, que ce sage Profane, & qu'elles suivent l'enseignement que leur donne S. Jerôme, lors qu'il dit à une Dame de leur profession: *Parlez peu & avec tant de moderation, que vous puissiez connoître que c'est plûtôt par necessité, que par le plaisir que vous y prenez.*

Quoique les paroles regardent en quelque façon les personnes à qui l'on parle, neanmoins elles appartiennent singulierement à celles qui les disent; parce qu'étant bien ou mal dites, elles retournent à leur honneur, ou à leur confusion: c'est pourquoi on ne doit pas trouver étrange, si aprés avoir montré que les personnes qui passent leur vie dans le Celibat volontaire, doivent aimer la retraite pour s'avancer dans la vertu; & que le travail leur est entierement necessaire, tant pour la perfection de leur esprit, que pour la santé de leur corps: J'ai fait voir, qu'elles ne sauroient estre parfaites, si elles ne joignent à toutes ces pratiques la moderation de leur langue, en retranchant les paroles mauvaiſes, dangereuſes, & inutiles; & reglant ſi bien celles qui ſont neceſſaires & divertiſſantes, qu'elles ſoient toujours accompagnées de ſageſſe, de retenuë, & d'agrément. Par la ſageſſe leurs paroles ſeront agreables à Dieu; par la retenuë, elles paſſeront ſous ſilence tout ce qui merite le ſecret; & par l'agrément elles ſeront de bonne humeur envers le prochain.

CHAPITRE XIX.

Les vertus qui ſont les plus neceſſaires dans le Celibat.

IL s'eſt trouvé des Philoſophes * ſi amateurs de la vertu, qu'ils ont penſé que ſa poſſeſſion pouvoit rendre l'homme heureux: puiſque les douleurs & les adverſitez pouvoient attaquer ſon corps & ſa vie, ſans troubler le repos de ſon ame & la tranquillité de ſon eſprit: ils ſoutenoient même, que l'homme vertueux n'étoit jamais touché des diſgraces de la Fortune, & des accidens qui arrivent dans le monde. Le ſentiment de ces Sages peut nous donner une grande eſtime de la vertu, quand même nous

* Stoïciens.

ne serions pas instruits de son merite par les principes du Christianisme.

Cependant il faut remarquer, que la vertu ne consiste pas dans une insensibilité, qui empêche que l'on ne ressente les maux de la vie humaine : mais sa perfection consiste à les supporter avec force & avec constance. Ce n'est pas que, selon le sentiment des Spirituels, elle ne puisse avoir tant de charmes, que l'on trouve souvent du plaisir dans son acquisition, quoiqu'elle soit tres-épineuse & tres-difficile ; & c'est ce qui fait dire à saint Ambroise, que *les vertus sont à aimer pour l'amour d'elles-mêmes, parce qu'elles causent à leurs possesseurs, une sainte & veritable delectation.*

Saint Thomas, aprés S. Augustin,
1. 2. q. 55. ar. 24. &c. définit la vertu, une excellente qualité, qui reside dans l'ame raisonnable, & qui fait que le vertueux vit en droiture & en justice, parce qu'il ne s'en peut servir pour le mal.

Les paroles de ce Docteur Angelique nous font bien connoître, que la vertu est une habitude infuse, qui nous est donnée de Dieu gratuitement, pour nous obliger de travailler à son acquisition. Le pouvoir que nous avons de la reduire en pratique, ne nous rend pas ses possesseurs, si nous ne mettons la main à l'œuvre : c'est une puissance qui n'est point contraire à nôtre liberté, sur les droits de laquelle jamais elle n'entreprend rien ; elle ne sert qu'à embellir nôtre ame, & non pas à la violenter.

S. Augustin nous enseigne la même chose, lorsqu'il dit, que c'est une habitude de l'ame conforme à la raison & à la nature ; & que cette conformité n'est autre que la connoissance & la liberté, par le moïen desquelles la vertu se pratique.

Nous devons prendre garde à ne point confondre les vertus infuses avec les acquises ; les unes & les autres devant estre considerées separément, à cause que l'habitude que nous appellons *infuse*, est une vertu qui nous fait bien vivre & agir selon la regle de la raison divine ; & celle qui se nomme *acquise*, en est une autre, par le moïen de laquelle nous vivons & nous agissons selon les regles de la raison humaine ; c'est-à-dire, que les premieres sont des dons, que Dieu nous fait seulement par un effet de sa misericorde, sans avoir contribué de nôtre part à ses faveurs divines ; & les secondes sont en partie des effets de nôtre travail, lors qu'il est aidé de la grace du Ciel. *Contre Julien, l. 6. c. 3.*

Dieu ne manque jamais de donner

suffisamment à tous les hommes, les secours necessaires pour acquerir certains degrez de vertu, capables de les sauver, s'ils y veulent correspondre. Aprés cette verité constante, il faut remarquer qu'il y a des Ames destinées à une vie plus parfaite que les autres, & par consequent qu'elles ont besoin d'une grace plus singuliere. C'est en ce rang que je considere les personnes, qui embrassent le Celibat volontaire : Vocation qui se doit distinguer par une vertu extraordinaire, & par une conduite tout-à-fait reguliere.

Ce terme de *Vertu* est un genre qui renferme plusieurs especes differentes, que nous appellons intellectuelles, theologales, morales, & chrétiennes ; & toutes les vertus sont renfermées dans la generalité & sous la difference de ces termes.

Si nous considerons les vertus en general, nous trouverons qu'elles sont toutes necessaires pour la perfection de l'esprit, & pour celle des mœurs : mais comme cette proposition est trop étenduë, il faut seulement remarquer, que les personnes libres qui pourroient tirer de grands avantages des vertus intellectuelles, par l'intelligence de toutes les choses qui se presentent à elles ; par la ſcience qui découvre celles qui ſont cachées ; par la ſageſſe, qui penetre celles qui ſont les plus hautes ; par l'art qui produit differens ouvrages materiels, & par la prudence qui rend ſon ſujet judicieux & bien aviſé, ſe doivent pourtant fixer à des pratiques particulieres, qui ſoient plus convenables à leur vocation. La prudence leur eſt d'une neceſſité abſoluë, & ce doit eſtre leur vertu favorite : elle n'eſt pas ſeulement du nombre des intellectuelles, qui perfectionnent l'eſprit ; mais encore elle tient rang entre les morales, qui reglent les mœurs ; elle reſide dans la raiſon, & conduit ſagement toutes les actions humaines.

Or comme l'appetit concupiſcible eſt mortifié par la temperance, qui contient trois vertus que nous appellons la continence, l'abſtinence, & la ſobrieté, qui font l'honneur des Neutraliſtes, il en ſera parlé en d'autres Chapitres ; il faut ſeulement remarquer en celui-ci, que la force qui reprime l'appetit iraſcible, leur eſt extrêmement neceſſaire pour ſoutenir les contrarietez, dont celles de leur vocation ſont ſouvent maltraitées ; car étant ſans appui, ſi elles ne ſont fortes & genereuſes, elles auront beaucoup de chagrin & d'inquietude, que l'on ne peut éviter, que par une fermeté d'eſprit, inseparable de la force.

Ce n'est pas assez de perfectionner nos esprits par les vertus intellectuelles, & de regler nôtre vie par les morales; si nous n'élevons nos pensées à Dieu par des habitudes infuses & surnaturelles. La Foi, l'Esperance, & la Charité, qui sont des Vertus Theologales & Divines, nous mettent en état de salut, & nous font gagner la vie éternelle.

Tout le monde sait que la Foi est le commencement de la justification, l'appui de l'esperance, le fondement de la Charité, & le principe de la vie spirituelle: c'est elle qui nous porte à croire les mysteres que Dieu nous a revélez; & passant de cette Foi infuse & habituelle à celle qui se reduit en acte, elle est si parfaite, que le grand Apôtre nous assure que *le Juste vit de la Foi*; c'est la science des Enfans de Dieu, la sagesse des humbles, & le soutien de la pieté.

L'Esperance, selon S. Thomas, n'est autre que le desir d'un bien excellent, qui est futur & possible, mais d'une tres-difficile acquisition; c'est pourquoi l'Esperance regarde deux choses; le bien qu'elle se propose d'acquerir, & le secours qui est necessaire pour arriver à ce même bien. Or l'Esperance Theologale n'aïant point d'objet que Dieu, c'est c'est de lui-même qu'elle veut obtenir les moïens pour parvenir à la possession, qui comprend toute sorte de felicitez. Cette vertu ne sauroit manquer d'obtenir ce qu'elle desire, puis qu'elle est appuïée sur l'infinie misericorde de Dieu, sur les merites de JESUS-CHRIST, & sur la fidelité de ses promesses.

Les personnes qui vivent dans le Celibat, s'affermissent dans leur vocation par l'esperance de la vie future : c'est une vertu qu'elles cherissent uniquement ; elles ne s'arrêtent pas à celle qui se contente d'exclure le desespoir & ces méfiances, qui font injure à la misericorde de Dieu : mais elles aspirent à celle qui chasse toute crainte servile, & qui éloigne toute foiblesse, & toute timidité. Elles recherchent cette esperance, qui obtient tout ce qu'elle espere ; & se fondent sur ces paroles de saint Augustin, qui nous assure que Dieu s'est fait nô- « tre debiteur, non pas en recevant quel- « que chose de nous, mais en nous pro- « mettant beaucoup. C'est par cette rai- « son qu'elles ne lui disent pas, Rendez « ce que vous avez reçu, mais accom- « plissez ce que vous avez promis. «

L'objet de la Charité n'est pas la connoissance, dit un saint Docteur, mais bien la chose connuë, qui n'est autre

1. 2. q. 57. ar. 6. que Dieu, lequel peut estre aimé par les voïageurs qui sont en ce monde, aussi-bien que par les comprehenseurs, qui sont arrivez au port de la gloire éternelle : Il est pourtant tres-vrai que cet amour, pour estre de même nature, n'est pas égal, parce que la charité des Bienheureux ne peut jamais changer, à cause qu'elle s'entretient de la vision intuitive de l'Essence divine; mais celle des hommes est toujours sujette à l'accroissement & à la diminution : elle peut perir par le peché, ou elle se peut perfectionner par la grace, & par des actes souvent réïterez.

Les personnes libres de tout engagement savent bien que la Charité est la Reine de toutes les vertus, & que sans elle toutes les autres ne sauroient plaire à Dieu, ni meriter le moindre degré de gloire. Toutes les autres sont les Suivantes, & par une consequence infaillible, elles se trouvent toujours dans une Ame, où est la parfaite Charité : elle n'est jamais sans Foi & sans Esperance, la force est toujours à ses côtez, la prudence est de tous ses conseils; la temperance reçoit sa moderation d'elle; & comment ne seroit-elle pas maîtresse de la justice, puisque non seulement elle rend à chacun ce qui lui appartient, mais encore elle distribuë ce qui est à elle en propre ?

Comme le Celibat volontaire est un état sublime, qui demande plusieurs grandes vertus pour le soutenir dans sa perfection : quoique l'on puisse tres-facilement remarquer en cet Ouvrage celles qui lui sont le plus necessaires, comme l'innocence, la debonnaireté, la force, le support du prochain, l'aumône, la retraite, la priere, & la solide devotion, il est à propos d'en remarquer encore quelques-unes pour remplir la couronne des parfaites Neutralistes ; c'est pourquoi, aprés avoir montré dans ce Chapitre, qu'entre les vertus intellectuelles la prudence leur est tout-à-fait necessaire : que la force entre les morales doit estre leur vertu favorite, & que l'Esperance Theologale doit les consoler dans leurs peines ; il est necessaire dans les suivans de parler de la confiance qu'il faut avoir en Dieu, de l'humilité, de la patience, & de la temperance ; toutes vertus, par lesquelles on se doit distinguer dans une condition libre.

CHAPITRE XX.

Les avantages de la Vertu.

Epist. 31. C'EST le sentiment de Platon, que si la vertu étoit visible aux yeux des hommes, elle les attireroit tellement à son amour, qu'ils la préfereroient à tout ce qu'il y a de plus riche dans le monde. Seneque veut que toutes les choses, bonnes & honnêtes, soient renfermées dans la vertu; & que la laideur & l'infamie sont inseparables du vice: car de même qu'il n'y a point de jour sans clarté, ni d'obscurité sans tenebres; ainsi il ne peut rien avoir de beau & de grand en la vie des hommes, que par le moïen de la vertu. C'est ce qui fait dire à Plutarque, que vivre heureusement, c'est vivre vertueusement: comme au contraire, l'essence du malheur c'est le vice. Aussi le dévot saint Bernard nous assure, » que la gloire sans la vertu n'est pas » juste, mais dangereuse & affectée, la » seule vertu étant la mere de l'honneur, » & le degré pour monter à la veritable » gloire.

Les paroles du Saint-Esprit sont encore plus belles & plus fortes, que celles de ces grands Personnages : *Tous les biens sont renfermez dans la vertu*, dit-il par Salomon, & *jamais on ne sauroit trouver de bonheur que dans sa possession.* Ce terme de *tous biens* nous fait assez connoître, que ce n'est pas seulement l'honneur & la gloire qui accompagnent la vertu, mais encore l'utilité, le plaisir, la delectation, le repos de la conscience, & la joïe interieure.

Pour estre heureux en ce monde & en l'autre, il faut aimer la vertu & retrancher le vice, qui lui est contraire & opposé. S. Jerôme dit à ce sujet, qu'il y « a deux commandemens qui renferment « toute la justice, dont l'un nous défend « de faire le mal, & l'autre nous or- « donne de pratiquer le bien. Dans l'un « le repos nous est commandé, & dans « l'autre l'action. Celui-là retient nôtre « esprit, afin qu'il n'agisse pas, & ce- « lui-ci l'excite pour le faire agir. De « maniere que pour ne point tomber « dans le desordre, il faut embrasser la « vertu, dont Dieu nous a fait un Pre- « cepte positif ; & prendre garde à ne « point commettre le peché, contre le- « quel il nous a fait un commandement « negatif. «

Quoique la vertu soit difficile & épineuse, elle ne laisse pas neanmoins d'être aimable, & d'avoir des charmes qui nous attirent insensiblement. C'est ce que nous apprend le même S. Jerôme, lors qu'il dit, qu'il n'y a point d'homme qui n'ait en soi-même les principes de la justice, de la misericorde, de la prudence, & des autres vertus.

Il est si veritable que nous avons un penchant pour la vertu, que quelquefois nos passions servent à la faire naître en nous, lors que par une adresse spirituelle elle leur fait changer d'objet: c'est ainsi que l'amour devient charité, la colere zele, la tristesse penitence, la hardiesse force, & ainsi des autres. Dieu se plaît à nous donner des moïens de profiter dans l'exercice des vertus, lors que nous ne mettons point d'opposition à sa grace. Le Sauveur du monde est venu lui-même nous l'enseigner par son exemple & par sa doctrine, & a fait l'éloge de cette vertu, qu'un si grand nombre de Philosophes & de sages Profanes avoient tant loüée, que l'on ne sauroit trop admirer ce qu'ils en ont dit & pratiqué.

Cit. liv. 5. c. 15. &c. S. Augustin remarque, que les Romains avoient établi & augmenté leur Republique par les vertus, & que Dieu a fait voir en cet Empire ce qu'elles valoient, quoiqu'elles ne fussent que civiles, & privées des sentimens de la vraïe Religion.

Les personnes libres ne sauroient s'excuser sur leur incapacité, pour ne point embrasser la vertu, ni prendre prétexte sur la difficulté que l'on y trouve pour s'en exemter; puisqu'elles possedent en elles-mêmes les principes & les habitudes de cette même vertu : c'est ce qui a fait dire à S. Chrysostome, que sitôt « que l'habitude acquise s'unit à l'infu- « se, l'on a une facilité aussi grande à « faire le bien & à pratiquer la vertu, « qu'on en peut avoir à dormir, & à « manger. «

CHAPITRE XXI.

De la Confiance en Dieu.

CETTE divine vertu est fille de la Foi, sœur de l'Esperance, & compagne de la Charité; & comme l'on ne sauroit connoître Dieu, & croire en lui sans l'aimer, & sans esperer en sa misericorde; sitôt qu'une Ame est prévenuë de ces trois sentimens, elle ne manque jamais d'en ressentir un quatriéme, qui lui inspire une confiance filiale en la divine Bonté.

Que la connoissance de Dieu produise en nous l'amour & l'esperance, c'est une chose dont on ne sauroit douter; & par une consequence necessaire nous ressentons en nous-mêmes une certaine assurance de recevoir l'effet de nos demandes, & l'accomplissement de nos desirs. Cette confiance bannit de nos cœurs toutes les inquiétudes qui les peuvent troubler. La raison que nous en pouvons donner, se prend de l'experience que nous avons dans la Societé humaine, où jamais les hommes ne prennent confiance les uns envers les autres, s'ils ne sont prévenus par la connoissance de leur merite, & par une affection qui les portent à se declarer librement les choses qui les affligent, pour en estre soulagez.

Nous en pouvons dire autant, quoiqu'avec une extrême difference, de la confiance que nous avons en Dieu, qui est toujours précedée par une lumiere d'esprit, & par une tendresse de cœur, qui nous font connoître & sentir que nous devons en toutes choses nous adresser à sa souveraine Bonté. La confiance que nous avons en elle, n'est jamais inutile; au lieu que celle que nous avons aux creatures, est presque toûjours sterile & sans effet.

La

La Confiance suppose deux choses, l'une la puissance, & l'autre la foiblesse, l'abondance d'un côté, & l'indigence de l'autre : Elle considere un objet qui renferme tous les biens, & un sujet dans la necessité, & dans la souffrance de tous les maux. Les personnes qui passent leur vie sans engagement, aiment cette vertu, comme celle qui les affermit dans leur vocation ; car étant sans support du côté des Creatures, elles prennent Dieu pour leur appui, & disent avec le Roi Prophete : *Mon ame! convertissez-vous à vôtre repos, parce que le Seigneur vous a fait du bien, il vous a délivrée de la mort, & vous a preservée comme un passereau, des filets des pecheurs.* Ps. 114.

Saint Augustin nous assure, que la condition de l'ame raisonnable est si excellente, que rien moins que Dieu, ne peut attirer sa confiance, ni affermir son repos. « Je sçai une seule chose sans aucun doute, dit ce grand Docteur ; c'est « que je serois en tres-mauvais état sans « le secours de la Grace divine, non seu- « lement hors de moi, mais encore dans « moi-même ; toute abondance qui n'est « pas Dieu, m'étant une pauvreté insup- « portable. «

C'est une chose si naturelle à nôtre ame, qui est creée à l'image de Dieu,

d'avoir confiance en lui, que le Sage
Ecclef. c. 2. &c. » nous en dit ces paroles : Mes enfans !
» considerez toutes les Nations de la terre,
» & apprenez que jamais personne n'a
» esté confus, s'il a esperé au Seigneur.
» J'ai regardé aprés l'assistance des hom-
» mes, & je n'en n'ai point trouvé.
» Mais si-tôt que je me suis souvenu de
» Dieu, j'ai connu qu'il délivre ceux qui
» se confient en lui.

» Ceux qui mettent leur confiance au
» Seigneur, changeront de force, dit
Is. 40. » Isaïe ; ils prendront des aîles pour ar-
» river en peu de tems au but de leurs de-
» sirs ; ils travailleront, & ne seront
» point fatiguez ; ils courront, & ne se-
» ront point lassez.

Nous ne saurions mieux établir nôtre confiance, que de la mettre en celui qui peut tout ce qu'il veut, & qui veut nôtre bien & nôtre avancement. Saint Augustin affermit beaucoup nôtre confian-
» ce, lorsqu'il dit à Dieu : O Seigneur !
» pour nous donner plus de liberté de
» recourir à vous, & nous porter à une
» confiance parfaite ; vous avez abaissé
» vôtre grandeur en vous revêtant de nô-
» tre chair, de laquelle vous vous servez
» comme d'un rets pour nous attirer à
Confess. l. 1. c. 6. &c. » vous ; car nôtre confiance étant fondée
» sur la bonté de vôtre adoption, sur la

fermeté de vos promesses, & sur la «
charité de nôtre redemption ; nous «
avons sujet de bannir toute crainte & «
foiblesse pour estre stables auprés de «
vous. «

Si nous devons mettre nôtre confiance en Dieu, parce qu'il veut & peut remedier à nos miseres, nous y sommes encore sollicitez par le grand besoin que nous en avons. Personne ne se doit assurer de soi-même, quelque bonnes que soient les dispositions où il se trouve. Car tous les maux, soit de coulpe, soit de peine, dans lesquels nous voïons succomber les autres, sont autant d'avertissemens de nous approcher de ce Port favorable de la confiance en Dieu : C'est un effet de Protection divine, & non pas de nôtre propre merite ; parce que de nous-mêmes nous ne pouvons autre chose, que de nous precipiter dans le mal, & nous n'avons pas en nôtre puissance le pouvoir de nous en relever.

Le Roi Prophete nous apprend cette Ps. 4. 110. &c.
grande verité, lors qu'il dit, que le Sei- «
gneur est fidele en toutes ses promesses, «
& saint en toutes ses œuvres ; qu'il «
soutient ceux qui trébuchent, & qu'il «
releve ceux qui sont tombez ; car il est «
proche de tous ceux qui l'invoquent en «
verité ; il leur fait jugement quand ils «

» sont dans les souffrances & dans les
» persecutions ; il met en liberté les ca-
» ptifs, illumine les aveugles, soutient
» les délaissez, aime les justes, conserve
» l'étranger, & a soin des necessiteux ;
» c'est pourquoi levez les yeux vers les
» montagnes éternelles, dont vous devez
» attendre du secours, & ne permettez
» jamais à vos ames d'estre tristes & trou-
» blées, mais qu'elles se confient en Dieu,
» qui est leur salutaire.

Quoi que tous les hommes en general doivent mettre leur confiance en Dieu, neanmoins il est veritable, que ceux qui sont mal-traitez par les disgraces de la fortune, & éprouvez par une conduite de Dieu, qu'il ne nous appartient pas de penétrer, sont plus pressez de recourir à lui par une confiance genereuse & solide. Saint Bernard dit à ce sujet des paroles qui meritent d'estre considerées :
» En la creation, redemption, & autres
» bienfaits communs, Dieu est le Dieu
» de tous les hommes en general ; mais
» dans les peines & dans les afflictions,
» il est particulierement le Dieu de ceux
Sur le Ps. 90. » qui souffrent, dit ce devot Pere : c'est
» pourquoi qu'ils se tiennent en assuran-
» ce, puisqu'il n'y a rien sous le Ciel,
» capable de nuire à celui qui est en la
» protection du Tres-Haut ; & au con-

traire, celui-là est maudit, qui met sa «
confiance aux hommes, & se fait un «
bras de foin & de chair pour établir «
ses affaires, & s'avancer dans les hon- «
neurs du monde. «

La confiance des personnes qui passent leur vie dans le Celibat, doit s'affermir dans les persecutions & dans les adversitez, puisqu'il est dit en plusieurs endroits de l'Ecriture, que *le Seigneur éprouve ceux qu'il aime.* Prov. c. 3. &c. Le Sage nous exhorte à ne point rejetter la discipline du Tout-Puissant, & à ne jamais perdre courage pour sa correction, parce qu'il prend autant de plaisir à châtier les siens, qu'un bon pere à l'avancement de son fils. Et Chap. 12. le grand Apôtre, écrivant aux Hebreux, leur dit, que *Dieu châtie ceux qu'il aime, & que ceux qui demeurent sans épreuve, ne sont pas au nombre de ses enfans.*

Pour rendre nôtre confiance parfaite, il faut estre libre des affections humaines; car recourir à Dieu, & en même tems esperer beaucoup de la protection des hommes, c'est rendre cette confiance inutile, & en quelque façon monstrueuse: dautant qu'il n'y a point de rapport entre la puissance & la foiblesse; entre la sainteté & la corruption. JESUS-CHRIST dans l'Evangile, nous défend cette injuste societé, lors qu'il nous avertit de ne point ſervir à deux maîtres, & de ne point mettre nôtre confiance en Dieu & aux Creatures, à cauſe des inconveniens que peut apporter ce commerce. Ce n'eſt pas à dire que le Seigneur ne ſe ſerve des cauſes ſecondes pour accomplir ſes deſſeins ; c'eſt pourquoi il les faut toujours conſiderer entre les mains de ce magnifique Ouvrier, qui s'en ſert comme bon lui ſemble, ſans toutefois y mettre nôtre confiance & nôtre appui.

Si nous ſommes pauvres, qui peut remedier à nos neceſſitez, que celui qui poſſede toutes choſes ? Si les douleurs & les infirmitez nous accablent, qui nous peut ſoulager, que le Celeſte Medecin ? Si la triſteſſe nous environne de toutes parts, de qui pouvons-nous attendre de la conſolation, que de celui qui fait la joïe des Anges ? Si nous ſommes tourmentez de calomnies & d'injures ; ſi nous ſommes perſecutez, qui nous peut donner la force d'endurer toutes ces choſes, que Dieu ? Enfin ſi le monde, le diable, & la chair, nos trois ennemis capitaux, nous mal-traitent, n'eſt-ce pas du Seigneur des Armées, que nous devons attendre la victoire ?

S'eſt-il jamais trouvé perſonne, qui ſoit demeuré confus aprés avoir mis ſa confiance en Dieu ? Que les Neutraliſtes apprennent d'une infinité d'exemples, que l'experience de tous les siecles leur met devant les yeux, à ne jamais perdre courage dans les adversitez, & à ne point s'arrêter à des confiances humaines, afin qu'elles puissent dire avec une fidelle * Servante de Dieu, dont la vie s'est passée dans le Celibat volontaire : *Je n'ai jamais esperé aux Creatures, j'ai toujours mis ma confiance au Seigneur.*

* *Sainte Maxime.*

CHAPITRE XXII.

De l'Humilité.

LA *superbe precede la chute*, dit le Sage, *& la gloire suit toujours l'Humilité.* Ces courtes paroles nous expliquent tres-bien le merite de cette vertu, qui est la base de la Perfection chrétienne ; c'est pourquoi il ne faut pas s'étonner si S. Antoine, aïant vû toute la Terre couverte de pieges, apprit du Ciel, qu'il n'y avoit pas moïen d'éviter tant de perils, sans la vertu d'humilité. C'est une chose certaine qu'une ame veritablement humble n'est jamais abandonnée de Dieu ; car comment pourroit-il délaisser une personne, penetrée du mépris d'elle-même, puisqu'il nous apprend, que *l'Oraison de celui* *qui s'humilie, penêtre les Cieux, & monte jusqu'au Trône de sa divine Majesté.*

Ps. 114. Le Roi Prophete nous assure, que *Seigneur est le protecteur des petits, & qu'il a esté sauvé si-tôt qu'il s'est humilié.* Un autre Prophete dit bien davantage, par ces paroles dignes de remarque:

Baruch. c. 2. *L'ame profondement abaissée honore le Seigneur tout-puissant, qui repose sur les humbles & contrits, & sur ceux qui craignent ses paroles, sans jamais présumer d'eux-mêmes.*

Epist. 6. l. 1. Aussi S. Jerôme ravi du merite de » cette vertu, dit, que Dieu a envoïé ses » Apôtres, qui n'étoient que de simples » pescheurs, pour confondre les Philoso» phes & les Sages du monde, & pour » faire voir qu'il resiste aux superbes, & » donne sa grace aux humbles. Jugez, » dit ce saint Docteur, combien l'or» gueil est un grand crime, puisqu'il a » Dieu pour ennemi.

L'Humilité est une vertu, par laquelle étant pauvres & abjets à nos propres yeux, nous nous abaissons de bon cœur, devant nos égaux & inferieurs, pour en souffrir avec joïe les mépris & les injures, sans jamais nous venger de leurs outrages & calomnies.

Si l'orgueil, qui n'est autre chose qu'une passion déreglée de sa propre excellence, a perdu les Anges, ces sublimes esprits;

ce n'est pas merveille qu'il fasse souvent tomber les hommes. L'inclination qu'ils ont à s'élever, leur étant si naturelle que sans le secours de la grace il leur seroit impossible de s'humilier; car quoique les Philosophes mettent cette vertu au rang des morales, cela se doit entendre d'une humilité exterieure, qui consiste en ceremonies & soumissions humaines, qui font passer les personnes pour modestes & retenuës: mais l'Humilité interieure qui tend à l'abaissement de son propre sujet, surpasse les forces naturelles, & ne se peut acquerir que par la grace du Sauveur. Il est venu au monde pour nous apprendre la pratique de cette vertu, qui étoit inconnuë aux hommes, ainsi que l'a tres-bien remarqué S. François de Sales.

C'est une chose étonnante, que la Creature humaine qui renferme en soi tant de sujets d'humiliation, étant composée d'un corps qui est le sejour de mille maladies, & d'une ame née dans le crime de la coulpe originelle, & qui tombe tous les jours en de nouveaux pechez, soit si préoccupée de l'opinion de son propre merite, que toutes les choses qui tendent à son abaissement, lui sont insupportables.

Nous avons donc raison de dire, qu'il

faut une faveur du Ciel toute particuliere pour pratiquer cette vertu, parce qu'elle nous inspire des sentimens tout opposez à ceux de la Nature. Elle nous rend si petits à nos propres yeux, que nous voïons sans envie l'avancement de nôtre prochain : Sa gloire ne nous fait pas de peine; & nous sommes toujours contens, encore qu'il nous surpasse dans les honneurs du monde.

Pour passer sa vie dans ces dispositions, il faut avoir jetté les profondes racines de la perfection evangelique; & les personnes libres, dont la plus grande partie sont privées des honneurs du siecle & des avantages de la fortune, auroient beaucoup à souffrir, si l'Humilité n'étoit l'une de leurs plus cheres vertus : c'est par cette raison, que je la mets dans le rang de celles qu'elles doivent le plus pratiquer pour vivre contentes en leur état.

JESUS-CHRIST qui s'est aneanti soi-même, prenant la forme de serviteur, ne s'est pas contenté de nous donner l'exemple de l'Humilité, il a voulu encore nous l'enseigner par sa doctrine, lors qu'il a canonisé les humbles en ce celebre Sermon de la Montagne.

Sem. 15. sur saint Mat. Saint Jean Chrysostome expliquant ce Passage, dit, que le Sauveur qui declare bien-heureux les pauvres d'esprit, & leur promet le Roïaume du Ciel, entend parler des humbles, dont le cœur est contrit & abaissé volontairement, & non pas de ceux qui sont humiliez malgré eux, & seulement par la necessité de leur condition : Mais pourquoi, dit cet éloquent Pere, le Seigneur ne dit-il pas, Bien-heureux sont les humbles d'esprit, mais bien-heureux sont les pauvres ? C'est parce que ce mot de *pauvre* signifie beaucoup plus que celui d'*humble* ; car il entend ces sortes de personnes qui sont toutes abbatuës & aneanties devant Dieu.

Ce n'est pas assez que l'esprit humain soit occupé de la connoissance de sa propre misere, & qu'il soit tout aneanti devant Dieu, il faut encore donner une demonstration exterieure de l'humilité de nos sentimens ; & c'est la seconde partie de ma définition.

La déference que l'on rend à son prochain, soit superieurs, égaux, ou inferieurs, est une partie de l'Humilité, qui se pratique en plusieurs manieres ; soit en executant les commandemens des uns avec une profonde reverence, sans murmurer ni se plaindre de leur severité ; soit en traitant les autres avec tant de respect, qu'on leur cede les premieres places & les préferences qui se passent à la vûë du monde; soit enfin à ne jamais mépriser ceux qui paroissent moins que nous dans le siecle.

Saint Paul nous ordonne de nous prevenir en honneur, & de ne point avoir de dispute pour les points de vanité, qui regnent dans la vie seculiere : C'est par cette raison, dit un Prophete, que *Dieu a ordonné d'abaisser les hautes montagnes, & de remplir les vallées pour faire la terre égale, afin qu'Israël marche diligemment en la voïe du Seigneur.* Belle expression pour nous apprendre l'humilité que nous devons pratiquer envers nos freres, que nous ne saurions mépriser sans contrevenir à la Loi de Dieu.

Baruch c. 5.

L'Humilité ne seroit pas veritable, si elle n'enduroit les injures & les mépris avec douceur & sans emportement; & c'est ici la troisiéme partie de la définition.

Encore que ce soit une chose extrêmement rude d'endurer les mauvais traitemens de nos égaux & de nos inferieurs, c'est neanmoins la pratique des personnes veritablement humbles, de ne se point troubler pour les calomnies & les affronts des insolens, des mal-intentionnez & des indiscrets. Car les sages & les prudens n'offensent jamais personne; & s'il arrive qu'ils prennent la liberté de s'émanciper en ce point, ils cessent d'estre sages, & meritent d'estre mis au rang de ceux, dont le nombre est si grand, que l'Ecriture l'appelle *infini*.

L'on voit tous les jours les innocens, & les gens de bonne vie mal-traitez d'injures, de mépris & d'outrages ; leur conduite est diffamée, leurs meilleures actions mal interpretées, & leurs bons desseins pris en mauvaise part ; & toutes ces choses sont des occasions frequentes de pratiquer l'Humilité. C'est en ces occasions, qu'elle fait paroître sa force & sa constance : car il est facile de s'humilier interieurement, & l'on peut encore mépriser les honneurs & les dignitez du monde ; mais d'aimer l'abaissement, endurer les injures, & ne se point fâcher pour les affronts, c'est la perfection de cette vertu, qui se glorifie des opprobres, pour se rendre conforme à JESUS-CHRIST.

Ce n'est pas qu'il s'est trouvé des Philosophes, lesquels n'étant prévenus que par les lumieres d'une sagesse humaine, ont méprisé les injures, & enduré les invectives sans s'émouvoir ni s'emporter de colere, contre ceux dont ils étoient mal-traitez. Socrate nous en a laissé un bel exemple, lors qu'étant offensé de paroles & de coups par un insolent jeune homme ; comme ceux qui étoient presens, ne pouvoient souffrir, ni la temerité de cet étourdi, ni la patience de ce Sage, qui leur paroissoit peu spirituel, & hors de raison, tant il se montroit insensible, il leur fit cette judicieuse réponse: *Si un asne m'avoit donné des coups de pieds, voudriez-vous que je l'appellasse en Justice?* Et son disciple Platon, étant un jour injurié par un homme de pareille trempe, ne voulut dire autre chose pour se défendre contre cet ignorant, sinon: *Poursuis hardiment à mal parler de moi, puisque tu n'as point encore appris à bien regler ta langue.*

Plusieurs de ces anciens Sages ont fait des actions éclatantes, par lesquelles ils méprisoient l'honneur, & enduroient les affronts avec tant de fermeté, qu'ils paroissoient insensibles; & neanmoins on ne pouvoit pas donner le nom d'*Humilité* à ces manieres d'agir si genereuses & si constantes. Aussi je ne les propose pas aux Ames chrétiennes pour leur servir d'exemple dans la pratique de cette grande vertu. Celui de JESUS-CHRIST, & ceux des Saints qui l'ont imité, leur doit servir de regle.

CHAPITRE XXIII.

Quatre degrez d'Humilité.

DIeu est infiniment grand, dit S. Augustin, ou plûtôt il est la grandeur même; & neanmoins c'est par l'Humilité qu'on se peut élever à lui. Plusieurs doctes Personnages se sont étudiez à nous tracer des degrez pour monter à la plus haute perfection de cette vertu: Les uns en ont trouvé jusqu'à douze; les autres les ont renfermé au nombre de six; & d'autres encore en ont fait un abregé, qu'ils ont reduit à trois Articles. Et la définition que j'en ai faite au Chapitre precedent, se rapporte à ce nombre, étant composée de trois points.

Un Savant qui vivoit dans le treizième siecle, nous apprend, que mépriser le monde, ne mépriser personne, se mépriser soi-même, & mépriser le mépris, sont les quatre degrez par lesquels nous pourrons monter à la plus haute perfection de l'Humilité; c'est pourquoi je les presente aux personnes, qui passent leur vie sans engagement, comme leur étant necessaire, afin de soutenir cet état. « « « « « « « « « « «

Plutarque.

Par ce premier degré d'Humilité, qui nous apprend le mépris du monde, il faut entendre le peu d'estime qu'on doit faire de ses honneurs, vanitez, charges, & préferences humaines, qui sont sans attrait pour une ame abaissée devant Dieu; car elle connoît qu'il est impossible d'aller à lui; qu'en méprisant toutes les choses, que les hommes estiment & recherchent avec empressement.

Qu'est-ce que l'ambition, & l'éclat du monde, qu'une servitude honorable qui captive l'esprit humain? Et qu'est-ce que l'honneur, sinon un effet du caprice & de la fantaisie des hommes, qui le rendent souvent à ceux qui le meritent le moins? Et pourquoi s'empresser pour une chose si fragile, puisqu'au sentiment d'Aristote, & de S. Thomas, l'honneur n'étant qu'un témoignage exterieur & étranger qui se rend à la dignité, & à la vertu de celui qu'il honore; il est constant que cette même vertu & excellence est plus illustre, que l'honneur qu'elle produit; & il n'est pas effectivement dans la personne qui le merite, mais dans celle qui le rend.

Morale. 1. 2. q. 2. art. 2.

Ps. 2.

Pourquoi ont fremi les Nations de la Terre, & pour quelle raison les Peuples ont-il pensé des choses vaines? dit le Prophete Roïal; si ce n'est que par une superbe cachée, & par un sentiment secret d'orgueil, d'orgueil, ils se sont donné beaucoup de mouvemens pour se surpasser les uns les autres dans les dignitez du monde, & leurs esprits, remplis de vanité, se sont évanoüis dans leurs idées.

Saint Bernard pour nous faire comprendre le peu d'avantage qui se trouve en ces honneurs perissables, nous dit ces » mots : Quoique Dieu soit tres haut, » il regarde les choses basses; humiliez-» vous pour le posseder sans inquietude, » au lieu que celui qui prétend de devan-» cer ses semblables, souffre de conti-» nuelles agitations, parce qu'il a quantité d'émulateurs qui passent devant lui. « Mais s'humilier soi-même, il n'y a rien « de plus aisé à celui qui en a le desir, à « cause que personne ne lui fait de con- « trarieté : N'est-ce pas un grand avanta- « ge pour les Neutralistes ? «

Serm. 2. en Carême.

Ne mépriser personne, c'est le second degré d'Humilité que nous presente ce grave Auteur : Il est si ordinaire aux personnes qui sont affectionnées à cette grande vertu, que jamais elles ne sont ni temeraires ni emportées envers le prochain. Et bien loin de le mépriser, quelque pecheur & miserable qu'il puisse estre, elles compatissent à ses défauts & à sa pauvreté, & ne pensent pas se trop abaisser de s'entretenir avec des personnes peu considerables selon le monde ; parce que le méprisant, & tout ce qu'il estime, elles font état de tout ce qu'il méprise.

Les Ames humbles sont bien opposées à ceux qui établissent leur vertu dans le mépris des affligez, & dans la critique de la vie d'autrui. Saint Bernard pour les désabuser, leur adresse ces paroles : » Que dites-vous, Vierges superbes ? La » Vierge Marie oubliant sa virginité, se » glorifioit de son humilité ; & vous autres méprisant l'Humilité, vous vous » estimez vous-mêmes par vôtre virgi» nité. Il vaudroit beaucoup mieux que « vous ne fussiez point Vierges, que d'ê» tre superbes : car bien qu'il n'appar» tienne pas à chacun d'estre Vierge, » neanmoins le nombre des humbles est » encore plus rare ; & celui de ceux qui » gardent l'humilité avec la virginité, est » plus petit qu'on ne sauroit jamais croi« re : C'est pourquoi, dit encore ce grand » Devot, si vous ne pouvez imiter la vir» ginité de celle qui est humble, imitez » l'humilité de celle qui est vierge. La Virginité est une vertu loüable, & l'Humilité une vertu necessaire. Celle-là est recommandée par conseil ; celle-ci est enjointe par commandement. Vous étes exhortées d'embrasser celle-là, & vous étes contraintes de pratiquer celle-ci. Il est écrit de l'une : *Qui peut le comprendre, le comprenne.* Et de l'autre : *Si vous n'êtes semblables à ce petit enfant, vous n'entrerez point au Roïaume des Cieux.* Celle-là est donnée en recompense, & celle-ci est demandée par devoir. On peut estre sauvé sans virginité, mais non pas sans humilité. Grande leçon que fait S. Bernard aux personnes qui passent leur vie dans le Celibat volontaire.

La doctrine du grand Abbé de Clairvaux, qui nous apprend à ne mépriser personne, nous enseigne en même tems à nous mépriser nous-mêmes ; & c'est le troisiéme degré par lequel nous devons monter pour arriver à la perfection de l'Humilité. Les Humiliations nous sont si necessaires en la vie presente, que nous ne pouvons jamais estre sauvé sans nous abaisser ; c'est ce qui fait dire à S. Augustin, que l'Humilité est la premiere, « la seconde, la troisiéme & la derniere « de toutes les vertus, parce que sans elle « les vertus deviennent des vices ; comme « au contraire, les plus petites actions « peuvent estre beaucoup relevées par la « vertu d'humilité. «

Pour faire du progrés en la voïe de Dieu, ce n'est pas assez de se mépriser soi-même en se reconnoissant pecheur & miserable, si l'on n'est pas satisfait que

les autres aïent les mêmes sentimens. On ne doit jamais oublier ce qu'a dit S. Jean
» Chrysostome, qu'il se faut donner gar-
» de de mettre en évidence ses richesses
» spirituelles, de peur qu'elles ne soient
» bien-tôt ravies, & qu'il ne nous arrive
» comme au Pharisien superbe, lequel
» portant sur ses lévres le tresor de ses
» bonnes œuvres, donna au demon le
» moïen de les enlever.

Hom. 3. sur saint Math.

Nous avons tant de sujets de nous humilier; que l'on n'en peut avoir davantage; car si nous le prenons du côté de la Nature, nous n'avons qu'un Estre emprunté, qui dépend tellement de Dieu, que s'il nous abandonnoit un moment, nous retournerions au néant. Si nous considerons ce que nous sommes en l'état de la Grace, nous verrons que le peché nous accompagne presque toujours, & qu'à peine nous pouvons passer une heure sans avoir quelque pensée vaine ou mauvaise, & sans dire des paroles inutiles & inconsiderées.

Quand nous n'aurions pas toutes ces considerations, qui sont tres-suffisantes pour nous abaisser; il ne faudroit pas laisser de le faire pour obeïr au commandement que Dieu nous en fait, & pour nous rendre dignes de la gloire future, que l'on ne peut acquerir que par les abaissemens. C'est ce qui fait dire à un Pere de l'Eglise Grecque, que l'Humilité est une sainte & divine pompe, qui tire nôtre ame de l'abîme de ses pechez, & l'éleve jusque dans le Ciel; & que le moïen plus assuré pour l'acquerir, c'est de se connoître pecheur, ne prendre jamais garde aux défauts du prochain, considerer toujours les siens propres, & s'adonner aux œuvres basses & penibles, qui exercent le corps, & humilient l'esprit.

S. Jean Clim. 25 degré.

L'Humilité dans sa petitesse est si haute & si sublime, que pour arriver à sa perfection, il faut monter plusieurs degrez. Le quatriéme, qui doit estre fort recommandable aux personnes libres, est contenu en deux mots, dont l'expression courte & facile demande une longue explication, & une pratique encore plus ample & plus étenduë: *mépriser le mépris*; c'est le plus haut point de l'Humilité, & l'exercice qui met les ames dans la possession de cette belle vertu. Mais avant toutes choses, il faut remarquer que ce mépris ne doit pas estre animé par un dédain, qui vient d'une fierté de courage & d'une hauteur d'esprit, qui est souvent l'effet de la plus fine superbe, laquelle par une delicatesse de pensée, se plaît à dédaigner ce que les autres ont accoutumé de venger. Ce mépris que l'on doit faire des injures & du mépris même, ne se doit pratiquer que par une élevation abaissée, & par un abaissement élevé d'esprit & de cœur, à la vûë des outrages & des affronts que l'on reçoit de son prochain; car non seulement on les endure avec patience sans en demander justice, mais l'on se forme en soi-même une force qui ne se laisse point abattre par ces fâcheux évenemens.

Il n'y a rien de plus fâcheux à l'esprit humain, que le mépris & les injures; & on ne sauroit vouloir du bien à ceux qui rendent ces mauvais offices, si l'on n'est assisté du secours d'enhaut, & si l'on ne se détache parfaitement des creatures: car n'aïant point d'amour pour elles, & n'esperant aucun plaisir de leur part, on n'est pas étonné de leurs mauvais traitemens.

Les Ames chrétiennes seront bien-tôt victorieuses de leurs ressentimens, si elles considerent les traitemens injurieux que le Seigneur a souffert durant le cours de sa vie. Lors qu'il a fait élection des ses Apôtres pour les envoïer prêcher l'Evangile par le monde, il a esté traité des siens comme un homme insensé & sans jugement. Quand il a délivré les possedez, & fait d'autres miracles, on a dit que c'étoit au nom & en la vertu de Belzebuth, qu'il faisoit ces prodiges. Dans le tems qu'il travailloit à la redemption des hommes, & qu'il prononçoit des oracles de verité, on l'estimoit un blasphemateur & seducteur du monde; & lors qu'il se taisoit par un silence rempli de sagesse, on le taxoit de folie & de bêtise. Quand il a souffert tous ces opprobres & infamies, il ne s'est jamais courroucé contre personne; & la vengeance qu'il en a prise, c'est de prier pour ses persecuteurs.

Il est vrai que c'étoit un Dieu, qui n'étoit pas sujet aux foiblesses & aux ressentimens des hommes, ausquels il n'appartient pas de conduire leurs passions avec la force & l'égalité qu'a fait le Sauveur; & neanmoins il leur commande de l'imiter, & il leur promet sa grace, sans laquelle ils ne sauroient remporter cette illustre victoire de mépriser le mépris.

Les biens que produit l'Humilité, sont incomparables; & entre toutes les vertus, c'est la plus puissante pour gagner le cœur de Dieu, la plus efficace pour procurer le salut des hommes, & la plus forte pour affermir l'esprit humain dans une parfaite tranquillité. Le saint homme Ch. 22.
Job nous persuade la verité de tous ces grands avantages, quand il dit, que celui

qui s'est humilié, sera élevé en gloire, que sa lumiere paroîtra en toutes ses voïes, & que ses desseins lui succederont heureusement. Isaïe nous assure, que le Seigneur Tout-puissant fera sa demeure avec les humbles & contrits de cœur : Et le Sage nous apprend, que l'humilité est toujours suivie de la gloire, & que son abaissement conduit à la sagesse. Aussi le Prophete Roïal, prévenu de ces beaux sentimens, disoit à Dieu : *O Seigneur ! il est bon que vous m'aïez humilié, afin que j'apprenne vos justifications, parce que la Loi de vôtre bouche est meilleure que les milliers d'or & d'argent.*

Ch. 57. | Prov. c. 15. | Ps. 118.

Il faut que cette vertu soit merveilleusement agreable à Dieu, puisqu'il s'est servi de l'organe de tant de personnes pour en publier les loüanges, & pour nous en faire connoître le merite. Saint Augustin en parle en des termes qui meritent d'estre bien considerez : » O Seigneur, dit ce sublime Esprit, vous ne » communiquez jamais les lumieres de » vôtre souveraine Majesté, qu'à ceux » qui sont parfaitement humbles de cœur; » & vous ne permettez pas vôtre abord » aux orgueilleux, quand même ils au» roient assez d'esprit pour contempler » les étoiles du Firmament, & les grains de

Confess. l. 5. c. 3.

de sables de la Mer, qu'ils mesure- «
roient les vastes globes du Ciel, & «
qu'ils sauroient toutes les courses des «
Astres; car ils n'ont toutes ces con- «
noissances que par le moïen de l'en- «
tendement, que vous leur avez donné «
pour l'assujettir & l'abaisser devant «
vous. «

Quoique l'Humilité soit la vertu des veritables Chrétiens, & que sans elle il n'y a point de Predestinez, je soutiens neanmoins, avec raison, qu'elle est particulierement necessaire aux personnes qui passent leur vie sans engagement; parce qu'étant moins considerées en cette vocation que dans les autres, elles sont toujours dans l'occasion de pratiquer cette vertu: c'est à elles que s'adressent les paroles de l'Ecriture: *Le Seigneur fait naître les fontaines dans les vallées, & il les remplit de froment, & de l'abondance de toutes sortes de fruits.*

CHAPITRE XXIV.

De la Patience.

2. Cor. c. 4. » L'Affliction produit la Patience, dit » saint Paul ; la Patience l'épreuve ; » l'épreuve l'esperance, & l'esperance ne » confond point ; parce qu'une souffrance qui ne fait que passer, nous procure une gloire éternelle, qui surpasse toutes les choses visibles, & ne s'attache qu'aux invisibles, qui ne finissent jamais.

Que l'essence & la nature de la Patience soit d'endurer les maux de la vie présente, les enfans de la Croix en sont fort persuadez ; car non seulement ils établissent leur perfection dans le retranchement des plaisirs, mais encore dans le soutien des choses âpres & difficiles. Les Stoïciens faisoient consister leur Philosophie à s'abstenir des voluptez, & à supporter les travaux de la vie humaine.

Si nous consultons le profond Tertullien, qui a si bien écrit de cette vertu, » nous apprendrons de lui, que son » visage est doux & paisible, que son » front est pur & net, sans tache & sans » ride de fâcherie ou de colere ; que ses » yeux sont abaissez par modestie, & non

par misere & infelicité ; que sa bouche «
est toujours cachetée de l'honneur du «
silence ; sa couleur semblable à celle «
des personnes innocentes qui sont assu- «
rées en elles-mêmes, sans estre atteintes «
de crainte ni de presomption ; en- «
fin tout son exterieur ne nous marque «
rien que de pacifique, courageux & «
debonnaire. «

La vraïe Patience ne consiste pas seulement dans les apparences exterieures, mais encore dans la sincere disposition du cœur, qui demeure patient en lui-même sans se troubler legerement. La Patience est si hautement loüée dans l'Ecriture, que le Sage nous enseigne, que l'homme patient doit estre préferé « à celui qui est courageux ; & que celui « qui commande à ses pensées, est « plus à estimer que celui qui prend les « villes, & qui gagne les batailles. «

Prov. 16.

La Patience est une vertu morale & chrétienne, par laquelle on endure les douleurs, les maladies, les pertes & les dommages, sans colere & sans emportement ; c'est une vertu des plus recommandables en la vie spirituelle, & des plus necessaires aux personnes qui vivent dans le Celibat.

La Patience n'est pas seulement une vertu chrétienne, mais elle est encore un fruit du Saint-Esprit, qui tient le quatriéme rang entre les onze, dont les Savans aprés S. Paul ont fait le dénombrement. Et S. Thomas nous apprend, que cette vertu cause dans une ame des effets si doux & si salutaires, qu'elle n'est ni émuë ni abatuë par les accidens les plus fâcheux & les plus importuns : c'est pourquoi il ne faut pas douter que ce ne soit une grande sagesse d'endurer les maux avec courage; & au contraire, c'est une extrême indiscretion de se montrer impatient dans les souffrances.

1.2.q.70. art. 2.

Seneque, quoique Païen, éleve si haut la Patience, qu'il soutient qu'un esprit vil & abjet est seul capable de recevoir un affront; mais que celui qui s'éleve contre les évenemens de la fortune, & repousse les malheurs, qui accablent les autres, les adversitez lui servent de couronne; parce qu'il n'y a rien de plus admirable, que celui qui souffre constamment sa misere, & qui par une patience, qui est à l'épreuve de tous les maux, s'affermit au milieu des changemens de la vie.

Comme nous remarquons en tous les Estres Physiques quatre differentes causes; nous pouvons aussi remarquer la même chose dans les Estres moraux, qui subsistent, & se reglent par la volonté des hommes. Et nous avons raison de dire que la Patience est produite & accompagnée par toutes ces causes.

Premierement si nous considerons ce qui lui sert de matiere, nous verrons aussi-tôt la verité de ce que dit un Ancien, que l'homme étant entré dans la carriere de ce monde, il tombe entre les mains de la douleur & de la tristesse, qui le remplissent d'amertume dans le fond de son ame, & qui travaillent son corps par mille peines & fatigues.

Toutes les choses qui peuvent servir de matiere à la Patience, sont toutes celles qui nous peuvent affliger. Le nombre en est si grand, qu'il est impossible d'en faire le compte; & sans nous amuser à une discussion impossible, nous les devons toutes renfermer en deux points. Le premier, c'est la souffrance actuelle des maladies, des persecutions, de la pauvreté, des injures du tems, & d'un travail trop penible. Le second, c'est la privation des choses agreables, comme la perte des biens, des parens, des amis, des commoditez du corps, & des plaisirs de l'esprit. Toutes ces manieres differentes d'endurer sont tellement des sujets de pratiquer la Patience, qu'il ne faut pas s'étonner si un Philosophe a dit, que la misere est cause de la vertu. Saint

» Augustin ne dit-il pas que l'adversité
» sert de merite aux gens de bien, parce
» qu'ils convertissent toute chose en pra-
» tique des vertus ?

Pour bien comprendre les causes materielles qui servent d'exercice à la Patience, il faut que l'esprit & les sens s'unissent ensemble, afin que la raison soit pleinement instruite des peines qui nous sont envoïées de Dieu, & de celles qui nous viennent de la part des hommes. Car si les hommes sont dénaturez à ce point de se persecuter les uns les autres à dessein de se faire du mal, Dieu, par des vûës toutes contraires, nous afflige pour nous santifier, & pour en tirer nôtre avantage.

Il ne faut pas croire que les afflictions qu'on voit endurer à quantité de personnes, soient des punitions divines, puisque le Sauveur du monde aïant oüi parler de certains hommes de Galilée, que Pilate fit tuer pendant qu'ils présentoient leur Sacrifice, dit ces remarquables paroles : *Ne pensez pas qu'ils fussent plus pecheurs que les autres, pour avoir enduré ce supplice ; nullement, mais c'est pour vous apprendre que si vous ne faites penitence, vous perirez.*

S. Luc, ch. 13.

Que les douleurs & les persecutions soient des matieres propres à exercer la patience des hommes, les saintes Ecritures nous apprennent encore cette verité: Quand le Seigneur nous veut corriger, il nous afflige en beaucoup de manieres, dit le Sage, afin qu'en jugeant des autres nous pensions à sa bonté; & que lors qu'on juge de nous, nous esperions en sa misericorde. Le cœur humain est sensible à tout ce qui lui arrive de fâcheux, & la douleur se forme en lui par les differens accidens, qui l'affligent. Sap. 12.

Si les maladies, la pauvreté, & les persecutions sont les causes materielles de la Patience; l'esprit & la raison lui servent de cause formelle, en la produisant par une action interieure qui mette en usage tout ce qui peut persuader la douceur dans les maux, & la tranquillité dans les traverses; & si-tôt que la raison est convaincuë des motifs qui la peuvent porter à souffrir patiemment; la volonté s'unit à ces lumieres, afin de les rendre efficaces; & comme cause efficiente elle donne l'Estre à cette grande vertu, qui ne le peut avoir que par son moïen, dautant que les pechez & les bonnes œuvres, les vices & les vertus sont au pouvoir de cette faculté souveraine.

Ce n'est donc pas sans raison, si je dis

que la volonté produit la Patience, aprés que l'esprit a connu son merite, & tout ce qui nous peut consoler dans nos souffrances. Cette proposition est si veritable, que les Theologiens nous enseignent que JESUS-CHRIST, mourant sur la Croix, n'adoucit pas ses peines par l'esperance de les voir bien-tôt changées en joïe; de maniere que les facultez sensitives furent abandonnées des puissances intellectuelles, & souffrirent sans aucune consolation; c'est ce qui lui fit dire ces étonnantes paroles: *Mon Dieu, pourquoi m'avez-vous abandonné?*

Le Seigneur qui connoît nôtre foiblesse, ne demande pas de nous une souffrance si rude, que ce qu'a experimenté son Fils unique: Il sait bien que nous en sommes incapables; c'est pourquoi il veut que nous soïons aidez à la pratique de la Patience par l'attente des promesses qu'il nous fait dans l'Ecriture, où il est dit, que les maux endurez pour son amour, auront toujours leur recompense. C'est ici la cause finale de cette vertu, qui se fortifie beaucoup par les » paroles d'un Prophete: Mes enfans, » souffrez patiemment, dit le sacré Tex- » te; car vous verrez bien-tôt la perte de » l'ennemi qui vous a persecuté, & vous » serez élevez au dessus de lui.

Baruch, ch. 4.

C'eſt une choſe ſi aſſurée que l'attente des biens à venir nous anime à la Patience, que S. Gregoire Pape, parlant du martyre de S. Pierre, dit à ce propos, « qu'il voulut & aima cette mort par le « mouvement de l'Eſprit divin, en même « tems qu'il en avoit de l'averſion par le « ſentiment de l'infirmité humaine ; & « que la chair tremblant à la vûë des pei- « nes, ſon eſprit ſe ſoutenoit par l'eſpe- « rance de la Gloire, ſans laquelle bien « ſouvent la Patience feroit un funeſte « naufrage. «

Le ſavant Abbé de Clairvaux, S. Bernard, nous avertit, que Dieu nous ten- « te en pluſieurs manieres, & que bien « ſouvent il ſemble qu'il ſe retire de nous, « afin de nous éprouver, & non pas pour « nous réprouver : C'eſt un trait de pro- « bation, & non pas de reprobation. «

Au ſentiment de S. Thomas, la Patience eſt une partie integrante & eſſentielle de la Force ; l'homme qui reſiſte au mal & à la douleur devant eſtre eſtimé plus fort que celui qui ſurmonte les tentations de la volupté : Cela eſt tres-facile à comprendre, puiſque c'eſt une choſe aſſurée, qu'il y a beaucoup moins de peine à ſe priver d'un plaiſir qu'à ſupporter une douleur ; c'eſt pourquoi nous avons beſoin d'augmenter nos forces au tems des

adversitez. Et à mesure que les persecutions se multiplient, il faut accroistre la
Ps. 90. Patience. Le Roi Prophete pour nous encourager à estre intrepides dans les mise-
» res de cette vie, nous apprend, qu'à pei-
» ne il se perd mille personnes à la gauche
» des adversitez, pendant que dix mille
» perissent à la droite de la prosperité.
» Un Sage a dit tres-pertinemment, que
» celui qui supporte bien une injure, est
» digne d'une couronne, & qu'il peut par
» sa patience desarmer l'homme le plus
» passionné du monde. Et un Moderne a eu raison de dire, que Dieu n'a point de plus glorieux spectacle sur la Terre, qu'un homme juste, affligé & patient; & que rien n'approche tant de sa Majesté souveraine, que celui qui est chargé de fleaux, & neanmoins demeure invincible sous les armes de sa patience.

Si j'ai dit au Chapitre precedent, que l'Humilité étoit particulierement necessaire aux personnes qui passent leur vie dans le Celibat volontaire, à cause que leur condition étant moins éclatante dans le monde, elles sont plus dans le mépris & dans l'abaissement; ce n'est pas avec moins de raison, que je soutiens en celui-ci que la Patience leur est d'une necessité si absoluë, que sans elle il ne sera jamais en leur pouvoir de soutenir leur état, ni de remplir leur vocation ; car n'aïant pas les alliances & les secours qui sont ordinaires aux autres conditions, elles sont facilement persecutées en leurs biens, en leur personne, & en tout ce qu'elles ont de plus cher ; de maniere que la seule Patience est leur soutien & leur support.

Nous apprenons d'un docte Personnage, qu'un excellent ouvrier fit une espece de verre que l'on pouvoit plier & travailler au marteau sans le rompre, & qu'aïant fait une Phiole qu'il porta à l'Empereur Tibere, il la jetta par terre en sa presence sans estre rompuë ni cassée, mais seulement courbée ; & l'aïant remise en sa premiere forme avec le marteau, l'Empereur en fut si étonné, qu'il lui fit promptement trancher la tête, de crainte que si cet art étoit publié dans le monde, on n'eût plus fait d'état des vaisseaux d'or & d'argent. V. de B. l. 16. c. 100.

Belle application pour les Neutralistes, ausquelles Dieu a fait la grace de profiter de l'incomparable secret d'une vie sans engagement, que l'on estime peu de chose, étant comparée au Mariage, & à la vie Monastique, qui sont dans le monde, comme ces precieux métaux d'or & d'argent ; pendant que le Celibat volontaire y passe pour un verre fragile, qui manque de force, de soutien & d'appui. Mais il faut considerer que c'est un verre que les coups de marteau ne sauroient ni rompre ni casser ; les personnes libres devant estre intrepides au marteau de la persecution, dont les coups & les chutes les peuvent faire plier, & non pas les rompre, ni leur faire perdre leur premiere forme ; car le souverain Maître de tous les grands ouvrages leur a découvert les biens & le merite de leur vocation.

S'il est vrai ce que disent les Philosophes, que la consequence de l'Acte à la possibilité est une demonstration infaillible ; il ne faut pas douter que la Patience constante & intrepide dont nous avons parlé, ne soit au pouvoir des ames chrétiennes, puisque l'on a vû tant de personnes invincibles dans les maux par le secours de la Grace.

CHAPITRE XXV.

De la Temperance.

PUisque c'est le devoir de cette vertu de reprimer les déreglemens de la sensualité, & de moderer le corps dans l'usage, qu'il fait des alimens necessaires au soutien de sa vie ; il semble que c'est inutilement que je la mets au rang des vertus, qui sont les plus necessaires aux personnes qui ont embrassé le Celibat, qui étant une vocation separée des plaisirs permis & licites, il n'est pas à croire qu'elles recherchent ceux qui sont défendus & dereglez ; & par consequent que la vertu de Temperance doive faire une partie de leur application.

C'est une vertu composée de trois parties principales, que nous appellons la continence, l'abstinence, & la sobrieté. Elles ont leur commencement, leur progrés, & leur consommation, comme les autres vertus ; c'est-à-dire, qu'il faut passer par plusieurs degrez pour arriver à leur perfection. Les uns pratiquent une moderation, qui passe pour honnête parmi les gens d'honneur : les autres ont une conduite plus severe par le retranchement des excés, qui ne peuvent servir qu'à engraisser le corps, & amollir l'esprit; & en troisiéme lieu il se trouve des personnes, lesquelles par une vertu pleine de force & de courage, non seulement retranchent les choses dangereuses, mais encore celles qui sont agreables & commodes, que l'on peut prendre licitement & sans peché. C'est ici la temperance que pratiquent les personnes veritablement dégagées.

La Temperance, au sentiment d'Aristote, est une mediocrité dans l'usage des plaisirs des sens, qu'elle tient dans la moderation, sans leur permettre aucun excés; & c'est par cette raison qu'il la nomme *Gardienne de la prudence*, à cause qu'elle conserve la faculté, qui fait discerner les choses, & empêche que jamais l'esprit ne tombe dans le desordre. Elle fait si bien la loi aux convoitises animales, que les lumieres de la raison n'en sont jamais interdites, & pas même tant soit peu alterées.

Morale, liv. 3. ch. 10.

Si la Temperance a le pouvoir de retrancher les excés & les superfluitez, elle ne manque pas de donner au corps les choses necessaires pour le maintenir dans la santé & bonne disposition, qui lui est convenable. De maniere qu'elle ient le milieu entre l'excés des plaisirs,

& l'austerité trop severe; en mortifiant les voluptez, elle accorde l'usage des choses necessaires.

Comme dans le premier Livre j'ai montré que le Celibat est une vie innocente, & que la continence est inseparable de cette vocation; je ne m'étendrai pas davantage sur cette premiere Partie de la Temperance: je considererai seulement qu'il est du devoir de cette vertu de nous regler dans l'usage du manger & du boire; & quoique l'on donne à la moderation qui se garde en ces choses, des noms differens, appellant l'une abstinence, & l'autre sobrieté; neanmoins comme elles sont associées ensemble par une suite naturelle, il ne faut pas les separer pour en mieux connoître le merite.

Nous devons premierement remarquer, qu'aprés le peché d'Adam, Dieu assujettit le Corps humain à sept sortes de peines differentes, qui ne sont autres que la faim, la soif, le froid, le chaud, l'infirmité, la lassitude, & la mort. Pour remedier à tant de miseres, le Seigneur établit des moïens propres, qui servent à nous y donner soulagement: car excepté la mort qui est sans remede, la peine de tout le reste est diminuée par l'usage des choses, qui sont en nôtre puissance. Le sommeil soulage les fatigues & lassitudes ; les medicamens remedient à l'infirmité, le feu nous garde du froid, l'ombre nous preserve du chaud ; & par les alimens, nous sommes délivrez de la faim & de la soif.

Comme ces deux necessitez nous sont les plus ordinaires & les plus pressantes, la Providence nous donne aussi plus abondamment les choses qui nous peuvent soulager. C'est pourquoi le Seigneur dit en la Genese : *Je vous ai donné toutes les choses qui ont vie, pour vous servir de nourriture.* La reserve de certains animaux n'a esté que pour le Peuple Juif ; maintenant chacun peut en liberté de conscience se servir de toutes sortes d'alimens, pourvû que l'on ne tombe point dans l'excés, & que l'on ne transgresse point les jours défendus.

Il est d'autant plus facile d'exceder par l'usage des alimens, que cette necessité paroît purement naturelle. Aussi S. Augustin nous assure, que c'est une volupté, qui n'auroit aucune pointe, si l'importunité de la faim & de la soif n'en préparoit les délices. Ces deux convoitises étant des maux, qui brûlent & consument nôtre vie, comme la fiévre, si nous n'usons du remede des alimens ; c'est pourquoi, dit ce grand

Saint

Saint, je n'apprehende pas l'immondi- «
cité de la chair, mais celle de la con- «
voitise : Je sai bien que Noé eut per- «
mission de Dieu de manger de toutes «
sortes de viandes; qu'Helie a goûté de «
la chair, & que S. Jean n'a pas esté «
soüillé par l'usage des Sauterelles, qui «
sont de petits animaux sales & immon- «
des : mais je sai bien aussi, qu'Esaü a «
esté trompé par une écuelle de Len- «
tilles; & que David s'est condamné «
lui-même, pour avoir desiré trop ar- «
demment de boire de l'eau de la Fon- «
taine de Bethléem. «

Encore que les personnes qui vivent dans le Celibat, soient des filles d'abstinence & de sobrieté, & que les vices opposez seroient monstrueux dans leur sexe; il est neanmoins d'une necessité absoluë, qu'elles connoissent parfaitement le merite de ces vertus, tant pour la bienseance de la vie civile, que pour la penitence de la Vie chrétienne; & il manqueroit quelque chose à la regularité de leur état, si elles n'y étoient singulierement affectionnées.

Tertullien nous assure que le vice opposé à l'abstinence, est la paralysie de l'esprit humain : parce que tout ainsi qu'un corps est privé de mouvement par cette maladie, qui oppile les nerfs; de même la raison étant opprimée par sensualité, demeure sans aucun sentiment de religion. Verité si constante, qu'elle nous est annoncée dans les Saintes Lettres, où il est dit : *Le Peuple bienaimé a esté engraissé ; & s'étant revolté, il a délaissé Dieu son Createur, & n'a tenu compte du Seigneur son Salutaire.*

Deuteronome, ch. 32.

Ch. 12.

Le grand Apôtre, écrivant aux Hebreux, les exhorte à ne pas estre impurs, ni profanes comme Esaü, lequel pour si peu de chose, vendit son droit d'aînesse : parce qu'aprés il desira la benediction paternelle, qui lui fut refusée, & ne trouva point de lieu à la penitence, quoi qu'il la demandât avec larmes & gemissement.

Les hommes sensuels, disoit Socrate, vivent pour boire & pour manger ; au lieu que les gens-de-bien mangent & boivent pour vivre. On peut manger de la chair, dit un autre Philosophe, pourvû que ce soit pout satisfaire à la necessité, & non pas pour entretenir les délices ; car d'autant plus l'on donne d'alimens superflus au corps, d'autant plus on le ruine par l'excés ou par la délicatesse des viandes : C'est par cette raison, qu'un celebre Medecin nous enseigne à ne point donner de lait, de miel, & d'autres choses trop douces à ceux qui sont affligez de plaïes dangereuses, à cause qu'ils n'on pourroient échaper par ces traitemens mols & délicieux.

Les Prophetes & autres Serviteurs de Dieu étoient entierement opposez à ces nourritures abondantes & délicieuses. Helie étant accablé de travail, d'ennui & de lassitude, n'eut autre chose pour desalterer sa soif, & pour rassasier sa faim, qu'un peu d'eau & de pain. Son Disciple Elisée ne reçut pas un meilleur traitement de la Veuve de Sarepta. Saint Paul, premier Hermite, n'eut point d'autres alimens pendant les cent années qu'il vécut au desert ; & une infinité d'autres saints Personnages ont suivi les mêmes exemples ; & par ce moïen ils ont évité les suites pernicieuses, qui sont inseparables de la gourmandise, & ont préservé leur corps des infirmitez, qui l'accompagnent toûjours.

L'abstinence, dit un ancien Philosophe, est un moïen tres-efficace pour vivre heureusement, & avoir le corps bien temperé. Elle sert aussi pour rendre l'esprit libre en toutes les actions de la vie humaine ; & celui qui veut garder la santé de l'ame & du corps, doit estre fort reglé en ce point.

Tous les anciens Sages étoient si affectionnez à cette vertu, que dans leurs banquets ils avoient plus de soin d'instruire l'esprit, que de bien traiter le corps : C'est aussi par cette raison que Plutarque a remarqué tres-à-propos, que les Hommes doctes & studieux ont autant de part au festin de Socrate, que ceux qui soupoient avec lui. Et que Platon & Xenophon n'ont point laissé de memoire des viandes délicates, qui furent servies chez Callias, & chez Agathon, qui les traitoient par honneur, parce qu'ils en faisoient tres-peu de compte : mais que tout au contraire, ils ont tres-soigneusement redigé par écrit les Discours de Philosophie, qui se firent dans leurs festins & leurs recreations.

Le remercîment que fit Alexandre le Grand à une Reine de Carie, nommée *Ada*, merite d'estre bien consideré, parce que cette Princesse lui aïant envoïé des viandes exquises, & des Cuisiniers excellens en leur métier, ce Monarque qui méprisoit toutes les délicatesses, les estimant indignes de la force de son courage, lui manda que son Precepteur Leonidas lui avoit donné de meilleures nourritures, lors qu'il lui avoit appris, que pour le dîner il se faloit lever devant le jour ; & pour le souper, manger tres-sobrement

Plutarque en sa vie.

Encore que la Temperance qui regle

la maniere, dont il faut pratiquer l'abstinence & la sobrieté, soit absolument necessaire à toutes sortes de personnes ; neanmoins celles qui sont sedentaires ou adonnées à l'étude, s'y doivent rendre plus exactes ; parce que menant une vie plus mélancolique, que celles qui conversent beaucoup, cette humeur, quand elle excede, ne manque jamais d'estre nuisible au corps, qui change en corruption les alimens qu'on lui donne ; comme au contraire, une prudente moderation dans le regime de vivre, aide à subtiliser l'esprit, & à fortifier le corps.

C'est une maxime generale, que toutes les extrémitez sont vicieuses, aussi-bien dans les choses morales, que dans les naturelles. Hippocrate nous apprend de celles-ci, que l'usage immoderé des alimens, ou leur privation excessive, rendent le corps foible & infirme, causent la stupidité de l'esprit, & la défaillance du cœur. Et le Sauveur du monde nous enseigne la conduite que nous devons avoir en celles-là, lors qu'il dit aux Juifs, que saint Jean avoit vécu au « monde dans une étrange abstinence du « boire & du manger ; mais que le Fils « de l'homme avoit mené une vie com- « mune en apparence, beuvant & man- «

Aphorisme 16 liv. 5.

» geant comme les autres.

Serm. 37. sur saint Matth. S. Chrysostome expliquant ce passage, » dit que ceux qui aiment l'austerité, y » peuvent estre attirez par l'exemple de » S. Jean; & ceux qui ne peuvent sui- » vre cette vie pénible, se doivent con- » soler sur celui du Sauveur, qui pre- » noit ses repas pour satisfaire aux ne- » cessitez du corps, comme un autre » homme, & qui gardoit une modera- » tion toute divine, comme étant un » Dieu. Grandes & belles leçons aux personnes libres, qui peuvent là-dessus bien regler leur conduite.

Elles peuvent encore apprendre de l'Apôtre S. Paul, la maniere de prendre leur refection utilement pour l'ame, aussi-bien que pour le corps, lors qu'il dit aux Corinthiens: *Soit que vous beuviez, soit que vous mangiez, faites le tout au nom du Seigneur.* (*Ch. 10.*) Avantage incomparable de pouvoir en toutes nos actions les plus naturelles, avoir Dieu dans l'esprit, & produire des actes meritoires de la felicité éternelle.

Ecclef. 6. 29. Meilleure est la vie des pauvres dans leur propre maison, dit le Sage, que l'abondance des viandes exquises chez les autres, où ils ne pourront ouvrir la bouche, ni faire aucune chose hardiment: c'est pourquoi il vaut beaucoup (*Prover. ch. 19.*)

mieux estre invité à manger des herbes avec charité, qu'à un veau gras avec haine & froideur : un peu de pain avec joïe, étant préferable à une maison remplie de délices avec dispute, altercation & contrainte.

La Temperance ne consiste pas seulement dans l'usage moderé des choses necessaires à la conservation de la vie humaine ; elle passe bien plus avant : puisque non seulement elle observe en tout temps l'abstinence & la sobrieté : mais encore elle embrasse le jeûne à certains jours particuliers, où elle se rend plus severe qu'aux autres. C'est-à-dire, qu'encore que le jeûne soit une abstinence des alimens, qui se peuvent goûter ; neanmoins l'abstinence n'est pas toujours un jeûne.

Il n'est jamais permis de transgresser l'abstinence pour quelque raison que ce soit, pendant que le jeûne n'oblige pas toujours. Il est commandé de l'Eglise seulement en certains temps ; & bien que ce soit un Precepte, qui oblige la conscience, c'est une chose certaine, que la même Puissance, qui fait cette Loi, en peut dispenser, quand la necessité le demande.

Les personnes libres sont parfaitement instruites de l'obligation & du merite du jeûne ; elles savent fort bien que Dieu en fit un Précepte si severe aux Ninivites, que le brutes mêmes le devoient observer aussi exactement que les hommes ; & ce n'étoit pas sans mystere : mais c'étoit pour nous faire connoître, que si cette partie animale & inferieure, qui est en nous, ne modere ses convoitises, l'abstinence que l'on fait du boire & du manger, ne peut avoir la force de nous rendre agreables à Dieu.

Le Seigneur nous avertit par un Prophete, d'unir le jeûne des passions humaines, à celui des alimens corporels : *Convertissez-vous à moi de tout vôtre cœur, en jeûnes, en pleurs, & en gemissemens,* dit Joël, *& vous retournez au Seigneur vôtre Dieu, qui est benin, misericordieux & d'une patience infinie.* Et JESUS-CHRIST, pour nous apprendre la société inseparable de ces jeûnes interieurs & corporels, nous avertit dans l'Evangile, de ne pas estre comme les Hypocrites, qui se défont le visage, afin de s'attirer l'estime des hommes, & leur faire connoître qu'ils jeûnent ; mais tout au contraire, il faut témoigner une face joïeuse, & cacher l'austerité de vie que l'on pratique.

Joël. 2. S. Matth. c. 6.

Les Préceptes, que l'Ecriture donne pour nous apprendre l'abstinence, nous peuvent

peuvent également inspirer la sainteté & la civilité. Il faut user des choses qui sont mises devant vous, avec beaucoup de moderation, dit le Sage, de peur qu'en mangeant trop avidement, vous ne soïez en mésestime à ceux de vôtre compagnie. Cessez le premier de manger, de peur qu'on ne vous en reprimande; & quand vous serez assis au milieu de plusieurs, ne commencez jamais le premier à manger, ni à demander à boire; & sur-tout souvenez-vous que la colere & le trouble sont ordinaires à l'homme indiscret & précipité; & que tout au contraire, le sommeil paisible & la santé parfaite, sont en la puissance de l'homme sobre, qui reposera jusques au matin; & son ame tranquille se réjoüira en lui-même. *Eccles. c. 31.*

CHAPITRE DERNIER.

Conclusion de tout le Traité du Celibat volontaire.

ENCORE que la description, que j'ai faite du Celibat volontaire, n'égale pas son merite; neanmoins j'ai fait mon possible pour le representer avec tous ses plus grands avantages: & cela en trois Livres. Dans le premier l'on y peut remarquer le merite particulier d'une vie sans engagement, & les privileges qui lui sont attachez. Dans le second, l'on peut découvrir les avantages qu'elle possede, dans le paralelle qui s'en fait avec les autres vocations. Et dans le troisiéme, l'on y montre les emplois, les exercices, & les vertus necessaires aux personnes libres.

Toutes ces choses étant soutenuës par de pertinentes raisons, par l'autorité des Saintes Lettres, par celle des Peres de l'Eglise, & par plusieurs bons Auteurs; l'on est contraint d'avoüer que les douceurs, & les merites du Celibat volontaire, doivent surmonter la contrarieté des Critiques, emporter l'estime des Sages, & s'attirer l'amour des personnes qui l'embrassent.

Encore que l'on ne doive jamais refuser son approbation aux autres états, & que l'on soit obligé de leur porter beaucoup de respect; toutefois les personnes libres doivent donner leur preference à leur vie dégagée. Car, comme dit tres-bien S. Augustin, c'est la Doctrine du Seigneur & celle des Apôtres, de choisir les biens plus excellens, sans condamner les moindres, & de preferer la continence au Mariage sans le blâmer.

Au Liv. de la Virginité, 18. & 21.

Si un Moderne a dit fort agreablement, que l'amour, aussi-bien que la guerre, n'étoit autre chose qu'un desir de vaincre ; je peux dire avec plus de raison, que le Celibat est un amour passionné d'un parfait dégagement, d'une veritable innocence, & d'une solitude abstraite & separée des choses du monde, dans le dessein de se rendre victorieux des foiblesses & des passions humaines.

Il faut donc conclure ce Traité par la remarque des trois caracteres singuliers du Celibat volontaire, qui ne sont autres que le dégagement, l'innocence, & la retraite : Trois graces particulieres, par lesquelles il plaît à Dieu de distinguer cette condition. C'est aussi par cette raison, que je compare les personnes qui l'embrassent, à ces trois Sœurs * que les Anciens ont appellées *Graces*, qu'ils representent en jeunes filles, toujours vierges, avec des visages rians, vétuës à la negligence sans ceintures sur leurs robes, leurs habits transparens, & se tenant toujours par la main, sans jamais se separer.

* Hesiode appelle la 1. *Aglaïde*, la 2. *Euphrosine*, & la 3. *Thalie*. Seneque, liv. 1. des Bienfaits.

Belle description des personnes, qui passent leur vie sans engagement ; leur innocence & leur pudeur nous étant parfaitement representées par cette jeunesse, toujours joïeuse & agreable. Leur sainte liberté nous est fort bien exprimée par ces robes sans ceinture, & par cette danse sans contrainte ni ceremonie; & leur vie abstraite nous est figurée par les habits transparens de ces trois Sœurs, à cause que rien n'empêche leur esprit de penetrer dans les secrets des choses saintes & divines.

Si l'amour du Celibat n'a son principe dans l'interieur, il tombera bien-tôt en ruïne; & cette condition si heureuse d'elle-même, lors qu'on a trouvé le secret de s'y contenter, deviendra pénible à l'esprit humain, naturellement porté à l'inconstance. Pour ne pas tomber dans ce malheur, il faut prendre garde à ne jamais présumer de soi-même. Car les commencemens de la vertu sont toujours suspects, & ses progrés douteux & incertains; la seule perseverance merite la couronne.

Le Seigneur fera dominer sa vertu toute puissante au milieu de ses ennemis, dit le Roi Prophete. Saint Augustin, expliquant ce passage, dit que l'Evangile est la vertu puissante, que Dieu a envoïée, parce qu'elle fait autant de personnes saintes, qu'il y en a qui pratiquent la Loi de JESUS-CHRIST. Or comme celles qui passent leur vie dans le Celibat, en suivent les maximes, ce n'est pas sans sujet que je les nomme souvent Filles évangeliques.

Il ne faut pas s'imaginer que le terme de *neutralité* soit nouveau, & qu'il vienne d'un artifice qui n'a point de fondement que la speculation : il doit sa naissance à la pratique continuelle de ce qui se passe dans le monde, où les personnes qui se tiennent dans l'indifference, sans prendre un parti plûtôt qu'un autre, sont estimées neutres. C'est de-là encore que sont tirez ces mots de *vie dégagée*, ou de *vie sans engagement*, & de *Celibat volontaire*. Tous ces noms differens ne servent qu'à exprimer une même vocation, qui tient rang dans le Christianisme, aprés la Religion & le Mariage, & qui comprend la continence & la viduité des personnes libres.

Plaise à Dieu, que les Neutralistes soient si éclairées en ce qui est de leur vocation, qu'elles n'apprehendent jamais ni le blâme, ni la critique du monde ; & que par cette raison elles se rendent habiles dans la theorie & dans la pratique de tout ce qui regarde leur état ; qu'elles en étudient les secrets, les raisons, les motifs, & les avantages, qu'elles soient dans un continuel exertice des vertus & des emplois qui les peuvent santifier ; & qu'elles soient tellement prévenuës de l'estime & de l'amour de leur condition, qu'elles y reconnoissent la conduite de Dieu, & le soin particulier de sa Providence.

FIN.

TABLE DES CHAPITRES

Contenus en cet Ouvrage.

LIVRE PREMIER.

Définition du Celibat, ses Differences, ses Proprietez, & ses Titres.

LIVRE SECOND.

Excellence, & Privileges du Celibat, & son paralelle avec les autres Conditions, page 214.

LIVRE TROISIE'ME.

L'emploi du temps, les exercices, & les vertus les plus necessaires aux Personnes, qui passent leur vie sans engagement, 420

TABLE DES CHAPITRES.

Fin de la Table des Chapitres.

www.ingramcontent.com/pod-product-compliance
Lightning Source LLC
Chambersburg PA
CBHW050457270326
41927CB00009B/1781